Pablo, um espírito cigano

UruR

Pablo, um espírito cigano

Imagem da capa: Ilustração de Jankó János, 1862. **Título:** Família Cigana.

Domínio Público. Jankó János.

ISBN: 9798688908770

Selo editorial: Independently published

DEDICATÓRIA

A todos nós que somos espíritos nômades dentro a linha evolutiva.
Não importa o caminho, a situação ou as experiências, pois todas as
decisões no levam ao mesmo ponto no final.

Sumário

AGRADECIMENTOS

A todos os leitores que reconheceram a importância dos
ensinamentos dos guias espirituais e mantiveram a atenção ao
conteúdo das mensagens.
(Escrever mediunizado com atenção às mensagens dos gias não é
fácil e extenuante)

.

Introdução

Existem arquétipos dos guias da Umbanda que se enquadram dentro de um conjunto de informações limitadas relacionadas ao nosso conhecimento do que elas sejam como espíritos, como forma em vida e, do que é necessário para o seu trabalho espiritual.

Geralmente as entidades não fogem destes limites e, tais limites são determinados pela nossa cultura e os conhecimentos que temos das outras culturas.

Pablo veio para ampliar o rol de conhecimento sobre o que sabemos sobre os ciganos, não para contrariar, destruir valores ou focar em qualquer sentimento de superioridade.

Ele é apenas um cigano que teve a oportunidade de contar sua história e origens de seu povo, remontando rotas migratórias dentro do sentimento nômade, os preconceitos e, principalmente os desafios de uma Europa em franca transformação.

A tribo

As lembranças mais antigas da tribo remontam a Moldávia, Transilvânia e Valáquia. As tradições, as magias e manias sempre remontavam essas regiões quando passadas oralmente aos membros da tribo. A magia com alho para afastar maus espíritos, sementes e flores para atrair sorte e prosperidade.

A tribo se consolidou na Hungria, entre idas e vindas seguindo o rigor das estações do ano. Verão às portas da Áustria e Hungria e, no inverto ao sul da Eslováquia, às raias do Império Otomano.

Estas migrações norte-sul era o elo de troca de culturas entre os islâmicos e austríacos. Carregávamos condimentos, receitas culinárias, técnicas de artesanatos, genética nova na tribo, o que causava uma variante enorme nas aparências dos grupos.

Durante os cento e cinquenta anos nessa rota, tínhamos o domínio da arte de manipular tecidos, armazenar condimentos, chás e grãos oriundos dos otomanos e, a arte da manufatura de tachos numa mistura de metais que iam desde cobre, alumínio, ferro e qualquer outro metal disponível.

Com o tempo a Hungria passou a ser a nossa pátria, pois falávamos o alemão comum a toda à região, árabe, húngaro e, o nosso idioma mãe: Romani. A influência do romani ao idioma alemão era normalmente confundida com o sotaque húngaro e, esse processo de identificação nos forneceu uma nacionalidade. A nossa tribo passou a ser identificada como "ciganos húngaros". Sim, fomos nacionalizados.

Ciganos em terras turcas otomanas. Imagem de domínio público.

A tribo era composta de quase duzentas pessoas, com as mais diversas aparências associadas às miscigenações. Haviam ciganas loiras de olhos bem negros, de cabelos negros e olhos azuis ou verdes, loiras de olhos verdes, morenas de cabelos e peles escuras.

Tínhamos ciganos que podiam se passar por islâmicos do sul ou os que podiam ser confundidos com austríacos de tão loiros.

Os ciganos tem por hábito a adoção de crianças abandonadas, algumas vezes roubadas pelas estradas afora, por serem consideradas saudáveis e bonitas.

Não podíamos negar o fato de que homens e mulheres pegavam uma carona com algum grupo cigano e acabavam por serem adotados pela tribo e dela não saiam mais.

As hostilidades entre os otomanos e europeus foram aumentando, com o fortalecimento das hostilidades nacionalistas, a tribo passou a sofre ataques, roubos e sucessivas expulsões de regiões que habitavam normalmente.

Fomos atacados por soldados da Transilvânia e Valáquia quando estavam atrás de domínio de territórios. Espremidos entre os soldados comandados por Vlad Drakul, príncipe da Valáquia e os exércitos otomanos, a tribo iniciou fuga por entre as vilas da Hungria. Com o reinado de Vlad, o Empalador, fortalecido na Hungria, vimos muitos ciganos mortos, tribos inteiras chacinadas. Foi o momento em que grupos ciganos mais puros foram terrivelmente perseguidos por serem confundidos com os otomanos. As ações dos soldados húngaros era mais violente quanto menos o grupo falava húngaro ou alemão.

Com o assassinato sumário e sistemático dos ciganos mais escuros da nossa tribo, decidimos empreender fuga rumo à Eslováquia. Apesar das hostilidades, conseguimos atravessar o Tirol e, andarmos até Veneza. Muito comércio, feiras e pequenos trabalhos, conseguimos juntar metais, transformá-los em utensílios domésticos. Foram quase dez anos acampados sendo tolerados pelos serviços com tachos e panelas. Encomendas de tachos de ferro e utensílios em cobre para as embarcações de cabotagem abriram as portas para algum ganho de revenda de especiarias vindas pelo Mar Mediterrâneo. Eram justamente as especiarias comercializadas pelos otomanos que dominavam os territórios ao sul e deixaram sua cultura bem estabelecida.

O Estado Papal não nos via com bons olhos, inflamando perseguições patrocinadas pelos príncipes locais e seus soldados. Empreendemos fuga pelo território de Milão até as terras de Savoy.

Em recuperação pela retomada francesa promovida pelo Conde de Savoy, a região era muito tolerante aos ciganos. Descobrimos muitas tribos ciganas oriundas do leste europeu fixadas às terras francesas foram trazidas pelo Conde de Savoy.

Passamos quase quarenta anos migrando de região em região até que encontramos melhores condições em Toulouse. Então conseguimos recuperar as condições de vida da tribo, aumentando o número de ciganos, com nascimentos, barracas mais protegidas ao frio rigoroso, mais comida.

Eis que veio um inverno muito rigoroso, causando mortes dos mais idosos por uma tosse seca, de adultos por congelamento acidental e, fome. De cento e cinquenta ciganos, restaram menos de cinquenta ao final desse inverno. Juntamos-nos a outro grupo de ciganos sobreviventes, rumamos ao sul.

Contávamos com cinquenta e dois ciganos ao chegarmos em Saragosa, isso juntando as duas tribos. Fomos empobrecendo ao longo desta jornada e, roubados por soldados espanhóis, a mendicância passou a ser a nossa sobrevivência. Às vezes vendíamos alguma panela quando não tínhamos o azar de sermos saqueados por outros ciganos ou pelos soldados.

De mendicância e pequenos furtos, muito diferentes do que éramos quando contávamos as histórias da nossa tribo lá na Hungria.

A nossa fuga da Hungria já acumulava mais de duas centenas de anos e, agora estávamos sobrevivendo na região de Aragon, na Espanha, ainda reconhecidos como os "ciganos húngaros". Aprendemos o espanhol da região, mas durante muitos anos fomos salvos pelo pouco francês e o romani com outros ciganos que nos ajudavam.

Ciganos kalderash. Fonte:
http://theromany.weebly.com/photo-page.html

Tínhamos o espanhol para com o povo, o francês

para com as autoridades e clérigos que nos abordavam. Isso nos ajudava a evitar a associação o leste europeu e passarmos a imagem de que éramos ciganos locais.

Havia antigos resquícios de um orgulho espanhol da vitória na Batalha de Lepanto, o que causava hostilidades contra todos que se assemelhavam fisicamente aos otomanos, porém o país estava mergulhado numa transição da influência dos Habsburgo para um reinado local. Tempos de Guerras de Sucessão onde reinos desejavam os territórios e, os próprios espanhóis eram xenófobos, nacionalistas.

As mazelas dos sentimentos da Inquisição também eram muito presentes, mais nocivas aos judeus, islâmicos e, os ciganos vistos como uma rebarba de tudo quanto de ruim das duas outras etnias de outras religiões.

Como vivíamos em extrema pobreza, não sofríamos um incômodo de clérigos inquisidores, o foco deles era político e econômico a serviço de um grupo. Não tínhamos nada de interesse econômico, porém a xenofobia era crescente. Vivíamos a cada dia mais afastados das grandes cidades e das grandes feiras. Isso aumentou a nossa pobreza.

Um Pablo, outro Pablo

Dizimados por uma praga epidêmica, os trinta ciganos húngaros só sobreviveram por que vivíamos afastados das grandes cidades. Mas passávamos muito frio e fome sem nenhuma chance de continuarmos vivos isolados à beira de uma estrada.

Numa tarde gelada as únicas crianças da tribo gritaram por entre as tendas informando a aproximação de pessoas pela estrada estreita e sinuosa. Preparados para um possível ataque, as mulheres correram se esconder bem longe dali, carregando os poucos pertences que tínhamos. Por segurança escondemos as ferramentas e o pouco metal que poderia ser utilizado para moldar alguma panela.

Aos poucos o grupo foi se aproximando e, o nosso chefe viu que se tratavam de ciganos. Bem vestidos, empurrando carroças com as armações de suas tendas, alimentos. Eram mais gordos, bem tratados e mais limpos.

Um homem bem moreno, alto, olhos bem escuros, fala direta, se apresentou como o Barô daquela tribo. Perguntou pelo nosso Barô por várias vezes. Por medo e tradição de fugas e ataques, aprendemos a desconfiar de todos e tudo. Mas com a insistência um dos nossos homens se apresentou.

— Eu sou o chefe! — afirmou um dos nossos homens, ladeado por dois outros para a segurança.

— Meu nome é Pablo, barô desta tribo e soube

que encontraria uma tribo romá definhando aqui nesta estrada. Pelo que observei são vocês, pois vejo que estão em estado de miséria. — falou o homem de olhos bem negros e olhar muito direto, tão direto quanto a fala.

Pablo é de uma tribo que chegou à Espanha a tanto tempo que nem tinham mais outra referência anterior da mesma forma que a nossa tribo tinha. Eles não mantinham uma tradição de manter vivos os idiomas aprendidos ao longo das jornadas. Ainda nos considerávamos húngaros apesar das várias gerações nascidas em vários países. Ele se considerava somente um cigano, depois espanhol. Além da cultura tradicional cigana, do romani e, a tez Romá, se considerava um espanhol por direito de nascença.

— Tenho comida, espaço para as tendas de vocês e, peço que nos acompanhe para que tenham mais chances de sobreviver. Não terão a menor chance de passar o inverno aqui onde estão, além das tropas que se aproximam daquela direção. — explicou Pablo.

O nosso chefe se virou aos outros anciãos, conversou em alemão e húngaro. O nosso barô se virou e gritou por uma cigana velha que observava tudo bem de longe, escondida no meio das árvores. Ela se aproximou rápido, conversou com os homens, depois olhou para o grupo parado ali em frente, voltou a falar com os homens. Era a nossa vidente, uma anciã com a responsabilidade de buscar aconselhamentos espirituais, curar e apoiar as decisões do nosso chefe.

O nosso barô e aproximou de Pablo e disse aceitar a ajuda, mas que se manteria o chefe do próprio grupo. Virou-se, assoviou e os restos dos ciganos espalhados se aproximaram, surgindo dos matos, descendo de árvores, saindo de moitas de palhas.

— Tens um grupo com poucas crianças, poucas mulheres e homens muito fracos. Não terá nenhuma chance do grupo sobreviver aqui e, nada que possam vender nas cidades. — apontou Pablo apenas com olhar duro, porém certo em suas afirmações. — Não tenho nenhum plano de juntar as tribos, mas por Santa Sara, não posso deixar que morram. Vem com a gente e podem permanecer ao nosso lado até se reerguerem e seguir o próprio caminho. — concluiu olhando o nosso barô bem nos olhos.

Pablo fez um sinal, então uma cigana mais velha se aproximou. Ela recebeu a ordem de pegar um pouco de pão, vinho e alguma fruta para que os convidados possam ganhar um pouco de energia enquanto desmontam o acampamento precário que tinhamos.

Em duas horas estavam todos em direção de Barcelona, porém não entrariam na cidade. Ficariam acampados a uns dois quilômetros para terem acesso à cidade, ao comércio, aos ganhos, para depois descerem ao sul em busca de terras mais quentes para o inverno.

Oito meses depois a nossa tribo já ganhava mais saúde, com ciganos um pouco melhor de peso, vestes melhores, tendas mais organizadas. Tudo que aprendíamos para melhor sobrevivermos vinham dos conselhos e ajuda de Pablo.

Pablo nunca dirigiu qualquer tipo de comando para qualquer cigano da nossa tribo, sempre respeitou a posição do nosso chefe. Isso gerou muita confiança entre as duas tribos. Nunca houve qualquer tipo de conflito ou roubo, nem, mesmo qualquer desconfiança. A convivência foi tão cordial que gerava brincadeiras. Cada tribo brigava entre si, mas nunca umas com as outras.

O nosso chefe deixou claro que aquele que roubasse qualquer coisa que seja de quem nos livrou da morte seria morto sumariamente. Tínhamos uma dívida para com aquela tribo.

De fato fomos prosperando, as poucas meninas já em tempo de se casar, as famílias dos poucos meninos juntando para os dotes.

Um dia um cigano na nossa tribo veio falar com o Barô, pois tinha um filho e viu que a filha do chefe já estava em idade de se casar. Era a minha futura mãe. Perguntou pelo dote e, depois dos acertos o casamento foi marcado. Um ano depois se casaram. Havia uma pressa para que nascessem crianças. Uma tribo sem nascimentos era condenada ao desaparecimento.

Como foi a primeira festa de casamento durante anos de muita luta pela sobrevivência, Pablo, já velho veio oferecendo a ajuda. Nos presenteou com porcos, cabras, frutas, tecidos e, uma tenda extra que ninguém utilizava na tribo dele.

Como era um casamento da filha de um chefe de uma tribo amiga, Pablo honrou a tradição e, com os presentes conseguiu uma festa que durasse três dias, aumentando os festejos quando as velhas ciganas comprovaram as núpcias exibindo o lenço manchado de sangue. Foi quando as violas de Flandres ganharam acordes vigorosos, cantos em Romá e espanhol muito apaixonados e, os violinos emitiam notas que eram ouvidas de longe, compassadas pelo som dos sapateados húngaros e palmas frenéticas.

Mais outros casamentos aconteceram nas duas tribos e, as ajudas foram mútuas, com uma felicidade compartilhada. Eram tempos de festejos, de animações e esperança na prosperidade. Havia planos de uma viagem até a França para a praia onde chegou Santa Sara. Precisávamos agradecer a retomada da vida.

O nosso barô adoeceu, deixando indicado o seu sucessor com a ordem explícita de respeito à tribo amiga. Procurou pela família do genro, informou seu estado de saúde e gostaria que eles procurassem sempre pelo padrinho Pablo para qualquer problema. Achava que não estaria vivo quando chegasse um neto. De fato morreu pouco tempo depois.

Quem assumiu a nossa tribo foi o irmão mais novo, porém não tão experiente e, muito dependente dos conselhos de Pablo. Inclusive quando se tratava da minha mãe ou do meu pai, deixava tudo por conta do padrinho.

Pablo ficou muito feliz com a notícia da gravidez da minha mãe, sua apadrinhada, ordenando que as ciganas lhe dessem muita atenção, pois seria um neto do falecido amigo. Todos os dias ele pedia permissão ao nosso chefe e à família da afilhada para visitá-la. O velho cigano passou ir à tenda dos meus pais todos os dias. Mas nunca sem qualquer permissão ou desacompanhado das ciganas anciãs. Queria garantir o nascimento.

Misteriosamente Pablo apareceu morto, alvejado pela própria faca. Ninguém nunca soube ou desconfiou de ninguém. Um fato muito triste para todos, um luto que foi difícil de superar sem ondas de choros, de lamentações e medo do que estaria por vir.

Em meio ao segundo luto estendido pelo cigano Pablo, eu nasci. Surgi como um cigano depois de décadas sem qualquer nascimento por causa dos tempos de muita fome. Foi uma enorme festa para as duas tribos, com as ciganas mais velhas assumindo todos os cuidados. Era a vida chegando à tribo, um bom presságio.

Meu pai não manifestou alegria. A minha mãe era muito clara e com olhos claros, ele também branco, eram tipicamente húngaros. Chegavam a destoarem da maioria dos outros ciganos. Não observou que sua tribo era composta de ciganos das mais diversas combinações de cores de olhos e cabelos. A trajetória imigratória da tribo foi esquecida por ele, nem mesmo as miscigenações por adoção ou agregação foram lembradas. Não reparou na sua tia, bem morena com a mãe de cabelos bem claros, com o tio bem loiro de olhos escuros com o pai de cabelos pretos e olhos verdes.

As velhas e os anciãos decidiram que esta criança deveria se chamar Pablo em homenagem ao cigano que salvou a tribo toda. Seria uma justa homenagem ao falecimento recente de um chefe que trouxe muita prosperidade e, seria uma forma de agradecimento a outra tribo.

O meu pai observava os meus olhos escuros, tom de pele que lembrava mais os ciganos espanhóis vizinhos do que seus parentes. Esqueceu-se de tudo que lhe foi contado e ensinado. Surtou!

Saiu da tenda revoltado, totalmente perturbado, bebeu muito, brigou com os amigos, provocou, xingou os vizinhos e, praguejou. Voltou para a tenda e esfaqueou a esposa num acesso de ódio. Minha mãe morreu sem conseguir pedir socorro. Enquanto a esfaqueava, perguntava: por que o meu nome deveria ser Pablo? Se ela queria o Pablo, que fosse atrás dele no inferno.

Juntou as coisas e empreendeu fuga silenciosamente no meio da madrugada, sem chamar atenção. Apesar dos gritos, dos xingamentos, ninguém se deu conta do que tinha acontecido, pois acharam que era ele bêbado como sempre.

Amanheceu o dia e eu chorando de fome. As velhas ciganas foram me acudir e encontraram o corpo da minha mãe morta jogada num canto escuro da tenda.

Imediatamente ciganos de duas tribos se juntaram e começaram a rastrear as pegadas em direção da fuga. Dois dias depois encontraram o assassino escondido numa pequena gruta. Capturaram, amarraram e o colocaram em frente do barô, tio da vítima.

Sob o olhar de todos os ciganos ali presentes e, enquanto o barô se aproximava com um punhal numa das mãos, o assassino praguejou, ameaçou e gritou feito um animal enfurecido. Parou de gritar e olhou o barô bem nos olhos.

— Sim, eu matei o Pablo e aquela maldita que teve um filho com ele. — resmungou num tom gutural, carregado de ódio e delírio. — deveria ter matado o Pablo também. Além de ter tomado a minha mulher, ainda deixou o nome dele para que eu me lembrasse da desonra! — completou soltando espumas de saliva pelo canto da boca.

Olhando nos olhos, o meu tio avô se aproximou do meu pai, enfiou o punhal lentamente na barriga e, com um movimento brusco, moveu a lâmina para cima, atingindo os órgãos e músculos. Meu pai não temeu a morte, nem desviou os olhos do seu carrasco. Apenas sentiu a dor, gemeu se engasgando com o sangue saindo pela boca e nariz. Não desviou o olhar do seu executor. Olhar de ódio. O corpo amoleceu, então foi largado pelos ciganos que o seguravam. Caiu ao chão sem qualquer movimento além dos pulmões cheios de sangue e num instinto de tentar respirar.

Todos os ciganos cuspiram nele antes de saírem de volta para as suas tribos. Deixando para trás o arauto do mau agouro. Aquele que iniciou uma era de tristezas que a tempos foram deixadas para trás na nossa fuga.

Pela minha segurança, os anciãos decidiram que eu deveria ser criado pelo meu tio avô e pala avó. Evitando que eu sofresse qualquer tipo de revide pela família paterna. Com o tempo a família do meu pai sofreu um ataque dos ciganos vizinhos em vingança pela morte do chefe deles. Não pude conhecer meus avós, tios e tias paternas.

Numa reunião até que tranquila entre os dois chefes, foi decidido que as duas tribos deveriam tomar rumos diferentes para que não houvessem mais vinganças. Com a promessa de que se qualquer cigano húngaro que atacasse qualquer cigano espanhol seria executado, promessa essa afirmada pelo outro lado da contenda terminada.

Dias depois os ciganos espanhóis rumaram para o lado oposto de Barcelona, aproveitando as feiras maiores. A nossa tribo decidiu ir para o interior, tentar outras cidades.

Nunca mais essas tribos se encontraram, ou tiveram quaisquer notícias uma da outra. Mais crianças nasceram, ganharam nomes espanhóis em homenagens aos ciganos que nos ajudaram.

A essa altura a nossa tribo não tinha mais do que trinta pessoas. Não era um grupo pequeno e, com crianças, precisava de mais comida e itens para a chegada do inverno. O inverno não era muito frio na região e, só os mais velhos sabiam o que era um inverno rigoroso, com muita neve, roupas pesadas, aquecimento nas tendas.

Lutando contra a miséria e nos defendendo de ciganos hostis, preconceitos e adversidades, permanecemos um bom tempo entre Saragossa e Barcelona.

Tempos muito difíceis

Notícias de que famílias ciganas, mesmo morando em casebres das vilas eram atacadas e expulsas. Isso quando não eram todos mortos. Relatos de que tribos pequenas compostas de uma ou duas famílias foram mortos de forma cruel.

Milícias favoráveis a um governante, ou imperador ou, revoltosos, não reprimiam seu ódio contras os estrangeiros. Ciganos da nossa tribo relatou ver família judia toda expulsa de suas casas. Outros na lida em colheitas de fazendas assistiram um grupo miliciano atear fogo em tudo, só pela ligação do senhor de terras com o regente.

A Espanha passava por uma guerra civil na qual os ciganos não eram capazes de encontrar um lado para se procurar proteção. Não havia uma região para fugir. Não havia uma mata densa na qual podiam se esconder por uns tempos, pois essas matas tinham donos e, esses nobres não toleravam invasões de qualquer espécie. O mais comum era não poder nem passar nas estradas dentro de suas terras. Muitos cobravam taxas aos viajantes, outros os saqueavam, principalmente se fossem ciganos. Não havia Lei qualquer que protegesse um cigano.

Cada nobre fazia a sua lei, alterava conforme o seu humor e, no final era a palavra do nobre contra as palavras dos invisíveis.

Notícias indicavam que havia uma nova França, recém liberta dos nobres que tanto atacaram os ciganos. Uma terra de igualdade e liberdade. Tudo que os ciganos precisavam para viverem suas vidas.

A tribo rumou à França, mais precisamente às terras conhecidas como Terras de Savoy, porém já não eram mais pertencentes aos nobres como eram antes. As propriedades que sobraram aos poucos nobres não eram vigiadas como antes. Fomos movidos pelas boas lembranças das mais velhas sobre os tempos bons passados por ali quando na fuga do leste europeu.

O deslocamento na Espanha não era fácil. Muitos dias parados próximos de vilarejos tão pobres quando nós, alguns quilômetros de castelos aguardando a autorização para cruzar as terras, ou mesmo evitando seguir um rumo certo às milícias e soldados de nobres rivais.

A única certeza que tínhamos era das nossas convicções de sobrevivência. Viajar a pé era uma tarefa muito difícil, ainda mais sem ter calçados adequados, estradas niveladas, alimentação ou qualquer chance de um descanso digno de quem anda por dias.

Montávamos acampamentos onde dava, quando não aguentávamos mais caminhar e, as refeições arrumadas ao longo da estrada precisavam ser reforçadas. Não era difícil sermos expulsos logo após montarmos o acampamento. Às vezes nem precisávamos tentar montar as tendas. Bastava uma chegada em algum lugar, cruzar um grupo de nobres em seus cavalos e carroças para sermos hostilizados.

Consciente da minha existência humana, eu completei três anos de idade e ainda estávamos na

Espanha, porém muito próximos da França. Caminhávamos um ou dois dias, tínhamos que acampar por quase três semanas pra recompor as energias, conseguir alimentos e autorizações.

Estávamos magros, com vinte e duas pessoas restantes. Praticamente cinco famílias. Oito homens, cinco mulheres, quatro crianças, dois adolescentes, três ciganas bem velhas. De tão esfomeados e cansados, o grupo andava no ritmo das velhas. Às vezes as pernas magras delas eram mais fortes e mais rápidas do que a dos homens magros.

Nas cidades as crianças mendigavam, os homens procurava algum trabalho, algumas panelas e caldeirões para reformar e, trabalho de marcenaria se houvesse ferramentas. As mulheres liam as mãos, cuidavam do acampamento ou se ofereciam para algum trabalho doméstico em casas de vilarejos.

Era o que sabíamos ou conseguíamos fazer. A nossa aparência suja, esfarrapada, descalços e descabelados não nos ajudava em nada. Causávamos mais asco do que qualquer sentimento de dó. Por isso as crianças saiam sozinhas para mendigar.

Chegamos a Toulouse sem sabermos que já estávamos na França. Caminhado evitando cidades e fazendas não percebemos as mudanças de idioma. Conseguimos algum peso seguindo por caminhos alternativos, com a chance de captura de animais, ovos, colhendo frutas e furtando plantações sem vigilância. Descobrimos que viajar evitando cidades era mais eficiente.

Ficamos mais dois anos em Toulouse, com o nascimento de mais duas crianças, porém duas velhas morreram. Simplesmente dormiram e não acordaram. Todos os dias havia um choro, um sepultamento pobre, enterrados em valas comuns, muitas vezes num cemitério clandestino. Não tínhamos documentos, não existíamos.

A França não estava tão liberta e igualitária assim. Novo regime de governo, novos ideais, sem os nobres no comando, tudo parecia melhor. Foi melhor para os franceses, pois os preconceitos para com os ciganos continuavam.

Conseguimos roupas, às vezes doadas, outras vezes furtadas dos varais, conseguimos melhorar a alimentação. Homens prestavam serviços na manutenção de carroças, arreios, cabos de espadas e facas, marcenaria ou em fazendas nas colheitas.

Soldados franceses destruíram nosso acampamento, exigindo que fôssemos morar em cabanas em bairros pobres. Dormimos ao relento enquanto os homens construíram uns casebres num bairro periférico muito pobre. Mais insalubre do que o nosso acampamento.

Havia outros ciganos de outros grupos em outros casebres. Ciganos desapropriados de seus bens e jogados ali sem qualquer assistência. Franceses despejados de suas antigas moradias em fazendas de nobres derrubados pela Revolução. Foram vítimas de perseguições políticas e financeiras para que deixassem seus antigos postos de trabalho e não fossem decapitados.

Apesar de ser uma vila extremamente pobre, falavam francês, romani, alemão, espanhol e, húngaro. Estranhamente eu não sabia ler ou escrever, mas era um poliglota como a grande maioria das pessoas ao meu redor. Eu tinha quase seis anos, era um poliglota, educado pelo nosso chefe, ciente da nossa história contada pela única anciã que restou. Era a detentora de histórias se séculos da nossa tribo, como éramos um grupo muito grande, que precisava das mãos de muitas pessoas para que os dedos representasse a quantidade de ciganos. Éramos muitos!

A anciã conheceu a avó da avó, que lhe ensinava húngaro, magia, contava como comiam, andavam bem vestidos. Era a tradição viva, a nossa escola, nossa cultura a ser transmitida. Explicou-me o que aprendeu a respeito da neve pesada, da primavera, do verão quente e cheio de mosquitos da Hungria. Comecei a sentir saudades de um lugar que eu não conhecia.

Passei parte de minha infância ali, convivendo com outros ciganinhos, franceses muito pobres, leprosos, prostitutas, músicos militares expulsos, artistas fracassados, aleijados.

Num último esforço do barô, o que restava da nossa tribo juntou madeira, couro, panelas e, potes para armazenamento de viveres. Construímos uma carroça que podia ser puxada pelos homens e mulheres. Fugimos rumo em direção de onde o sol nasce. Tínhamos que chegar a terras conhecidas. Esse era o lema. Ajudei como pude, aprendi muito com o meu tio avô, já bem velho, porém tinha que ser forte para tentar encontrar um lugar seguro onde pudéssemos ter alguma segurança.

O povo francês parecia ser mais sociável, com cidades muito mais justas, pois novas Leis foram impostas, nova forma de governo e, a guilhotina era o grande monstro engolidor de absolutistas e do regime antigo. Viajar ficou mais aparentemente fácil.

Comerciantes tinham mais poderes, eram a classe dominante dos burgos que agora influenciavam o poder. Não havia nobres tentando roubar pela passagem em estradas. A nossa caminhada era mais direta, era mais fácil conseguir alimentos.

La Bresse

Uma região que recebeu e fixou ciganos por volta do ano de mil e duzentos. Só nos estranharam pelo nosso aspecto sofrido, miserável, porém fomos bem acolhidos, respeitados. Aos poucos tudo foi melhorando, com trabalho mais fácil. Os dotes das ciganas solteiras virou o investimento um grande celeiro abandonado à beira do vilarejo que, arrumado pôde nos abrigar melhor. Tínhamos um teto comum a todos e que não eram de casebres mal acabados ou das tendas improvisadas.

Aprendi a fazer tachos, artigos de couro, madeira e, assim fui ajudando os adultos a produzirem mais, aprendi a vender e negociar. Consegui clientes andando muito entre as vilas escondidas por entre os vales e montanhas. Minhas horas vagas eram preenchidas com lições de magia da velha anciã. Já muito velha, quase não enxergava mais. Eu separava boa porção de comida e, sempre que me sobrava algum dinheiro, lhe trazia um bom pão doce separado dos pães doces para a tribo.

Com quase quinze anos eu não tinha o dote para me casar. Minha tribo nem era tão importante assim que poderia gerar interesse de casamento.

No final de uma tarde ao redor da fogueira, com danças e violinos freneticamente tocados pelos convidados ciganos que já estava ali por gerações, a anciã me deu um presente. Eram algumas joias e moedas que ela conseguiu praticando alguma magia para as pessoas das cidades. As ciganas que iam à cidade acabavam por conseguir as clientes para a prática da vidência e magias de amor.

O presente era para o meu dote, para que eu me casasse. Neste mesmo dia o meu tio avô me deu um lenço com dinheiro que ele juntou, também para o meu dote. Disse que já estava procurando por uma cigana ali na região.

Confesso que me emocionei, chorei muito. Não pelos presentes, já que ainda não eram necessários para um dote, mas pelo gesto, pela esperança. Eu era órfão, numa história violenta que causou o fim da prosperidade para dois grupos ciganos.

Acordava mais cedo ainda do que o normal. Eu adiantava tudo que tinha que fazer, preparava a lenha para o aquecimento, separava tudo, treinava a minha sucessão comandando os mais novos, delegando ordem às mulheres que já estavam em pé. Geralmente elas acordavam cedo para preparar o pão coletivo. A tribo virou praticamente uma família, não éramos mais do que dezoito pessoas.

Anos se passaram e eu fui entregar uns tachos encomendados por uma família criadora de galinhas, fui perguntado sobre o meu clã, a história da minha tribo, por onde andamos.

— Nossa, o seu romani é carregado de sotaque alemão, parece um povo que passou aqui. — disse uma cigana bem velha que veio me oferecer um copo de vinho.

— Que povo? — perguntei sem muito interesse.

— Um povo que minha avó contava que falavam um romani carregado de húngaro e alemão. Eram bem estranhos com as danças. — completou às gargalhadas.

— Eles dançavam assim? — mostrei os passos da dança que aprendi desde pequeno.

— Acho que era isso! Segundo ela eles batiam as mãos nos pés enquanto dançavam. — explicou a velha.

Eu executei mais passos.

— Acho que é isso! — confirmou rindo. — Temos uns velhos que sabiam imitar tais danças. Espere! — completou.

Enquanto eu contava as moedas e perguntava sobre as galinhas, como eu poderia criá-las para o sustento da minha família, pensei que podia ser o sangue daquele povo.

Surgiram dois velhos se arrastando, cumprimentando em húngaro. Entendi com alguma dificuldade, e respondi conforme aprendi. Estabeleci um contato.

— Ah, tem sotaque alemão. Por acaso não é do grupo de ciganos húngaros que passou por aqui a muito tempo atrás? — perguntou um dos velhos.

— Eu não tenho certeza, tenho quase dezessete anos e nasci na Espanha, só uma anciã que me conta essas histórias. São histórias tradicionais que as velhas e a avó da avó que contavam a nossa saga. Difícil acreditar nessas histórias passadas que vão se alterando a cada vez que contam. — respondi.

No mesmo dia e, a noite, contei a história para a anciã e ela se empolgou, quis ter uma prosa com os velhos. Então eu a coloquei na velha carroça e a puxei até o outro lado da cidade.

Depois de muita conversa dela com os velhos, chegamos à conclusão que sim, éramos os ciganos húngaros que passaram por ali a centenas de anos atrás. Todos os relatos, nomes e hábitos coincidiam. Os velhos ali também vieram lá do leste europeu atrás de parentes ciganos trazidos pelo Conde de Savoy para povoar as novas terras conquistadas.

Outra parte da conversa eu não pude ouvir, pois era a exclusiva entre os anciões. Ficaram conversando por horas. Tive que respeitar as tradições e esperar. Enquanto isso eu me aproximei de um grupo de trabalhadores na criação de galinhas. Eles estavam sentados utilizando uma coisa que os fazia acender uma parte com fogo e soltavam uma fumaça pela boca.

— O que isso que estão utilizando? — perguntei manifestando muita curiosidade e espanto.

— Isso é um *pipe à fumer*[1]. — respondeu o mais novo.

— Para que serve? — indaguei espantado como soltavam a fumaça pela boca com um cheiro muito

---

[1] Cachimbo

agradável se comparado com a fumaça normal de madeira queimada.

— Usamos para usar o tabaco. O *Le tabac*[2] é esta erva seca que picamos e colocamos aqui para queimar. — explicou o cigano me dando um pouco mais de atenção. — Veja, colocamos o tabaco aqui e puxamos a fumaça. Somente a colocamos na boca e soltamos. Experimente! — explicou cedendo o cachimbo.

Puxei a fumaça com força, tossi muito, me engasguei e todos riram muito de mim. O cigano pegou o cachimbo, olhou para mim e pitou. Ensinando-me como se faz para que eu não me engasgasse. A fumaça deveria ficar na boca e ser solta. Nunca ir até os pulmões.

Parei de tossir, peguei o cachimbo e tentei lentamente, soltei a fumaça. O gosto foi meio estranho na língua, me causou estranheza. A sensação foi muito boa. Senti-me tranquilizado, passou a sensação de fome, como se tomasse um chá para aliviar as dores. Confesso que gostei.

Os ciganos explicaram que pitam para aliviar as dores, reduzir a sensação de preocupação, trazer alívio aos sentimentos ruins. Pitam geralmente no final do dia ou após o almoço para relaxar.

A anciã reclamava de dores nos ossos, então me lembrei do cachimbo. Conversei com ela e ela topou experimentar a tal magia. Fui atrás de um cigano que

---

[2] Tabaco, fumo

fabricada, consegui negociar dois cachimbos e um pouco de tabaco na troca de uma panela e cobre.

Sentei ao lado da anciã, coloquei um pouco de tabaco num dos cachimbos e acendi para ela. Ensinei como ela deveria fazer. Ela tossiu bastante, reclamou do sabor e do cheiro, mas fumou devagar, bem lentamente. Vi um sorriso no rosto enrugado, um semblante de alívio. Ela relatou o alivio nas dores, certa tranquilidade. Parece que ela gostou.

Todos os dias eu preparava um cachimbo para que ela fumasse após a janta e seus chás. Passei a fumar com ela. O hábito era prazeroso e, aos poucos toda a tribo era adepta dos cachimbos. Um dos ciganos aprendeu a fazer com cerâmica de barro, de madeira revestido com cobre ou outro metal maleável. Não havia madeira que não queimasse junto com o fumo, tínhamos que improvisar. Os de madeira eram muito caros por serem importados.

Conseguia o tabaco negociando panelas e tachos que eu fabricava com sobras de metal ou reforma dos que recebia em troca. Virou um ritual que a maioria dos ciganos da tribo praticava a noite.

Dezenove anos e eu não estava casado, com os velhos bem velhos e com grandes chances da minha tribo desaparecer. Precisávamos arranjar casamentos.

A anciã começou a pedir a minha ajuda para suas magias, suas poções mágicas para a venda. Fui aprendendo a magia da velha, coisas que ela não ensinou nem para a as ciganas que a ajudavam. Aprendi mancias com pedras, do fogo, das gotas de óleo em água. Ler as mãos era exclusivo das ciganas que iam às feiras e ruas das cidades. Era um ganho. A tradição proibia que ciganas lessem as mãos de outros ciganos. As minhas mancias tinham outras finalidades. Para a manutenção da tribo e sobrevivência.

Ela confessou que fez uma magia para me ajudar a acelerar o meu casamento. Já estava arranjado, mas há atrasos no dote. Com tudo que juntei, o que eles juntaram não chegava nem na metade. Continuei fumando com ela e fingi que acreditava na magia dela. Ela precisava de atenção e respeito. Eu tinha que absorver todas as histórias que ela contava para passar aos mais novos.

Quinze dias depois fomos procurados pelos ciganos lá da granja. Eles estavam precisando de dinheiro e estavam dispostos aceitar o que tínhamos para o dote. Então passamos preparar o casamento.

Eu me casei na França. Bem tarde para um cigano. Humilhante para as tradições por causa da minha idade já avançada. Mira era uma cigana dócil, dotada de vidência, esperta, obediente e, se deu bem com as ciganas da minha tribo.

O meu casamento foi uma união de duas tribos. Fortalecemos as relações, conseguimos juntar dinheiro para comprarmos uma carroça e, até um cavalo.

Cavalos para pessoas comuns eram novidades. Os poucos que não pertenciam aos nobres eram os das fazendas, para a carga e trabalho pesado. Cavalos de montaria eram instrumentos de deslocamento militar e combate dos exércitos. Pelotões montados eram comuns na França e Espanha.

Havia ciganos que tinham cavalos, mas eram uma minoria que chegavam à França atraídos pelos resultados da Revolução Francesa. A promessa de igualdade e liberdade era o mantra atrativo. Foi o que nos motivou a chegarmos até aqui.

Aprendi a arrear o cavalo com um dos ciganos da minha tribo. Ele fabricava e trabalhava com arreios sem nunca ter montado num cavalo ou ter andado de carroça. Aprendeu o ofício com pai, que aprendeu com avó.

Passei a morar dentro da carroça com Mira. Várias carroças foram chegando e, em menos de um ano já tínhamos nove delas. A maioria estava em prefeito estado, cada uma com o seu cavalo.

A anciã agonizou e morreu nos meus braços, tendo como última palavra uma oração cigana que passava todos os dons espirituais para mim, como herança e agradecimento pelo filho que ela não teve. Orou em húngaro.

Poucos meses depois o meu tio avô foi vítima de uma febre muito forte e, com mais duas outras crianças no mesmo estado, sucumbiu à doença. Moribundo, diante de todos os mais velhos, passou a liderança da tribo para mim. Disse que eu já estava preparado para assumir a tribo.

Assim me tornei chefe de uma tribo com menos de vinte e dois anos, o responsável pelo comando das atividades, pela divisão de tudo entre todos. Confesso que me desesperei quando da necessidade de tomar a primeira decisão. Sem pensar muito, soltei a decisão de forma intuitiva, o que gerou bons resultados.

A morte do meu tio avô estava relacionada a uma praga que assolava a região. Não sabíamos de onde ou como acontecia, o que era e, nem como nos proteger. As pessoas ficavam febris, como bolhas pelo corpo e, morriam.

Durante várias noites sonhei com a Hungria. Nunca estive lá, nem sabia como era a vida por lá. Sempre os mesmos sonhos, os mesmos lugares, as mesmas pessoas. Com a morte de outros ciganos muito próximos os sonhos ganharam força, até que num dia eu vi a anciã num canto e ela gritava para que eu fugisse dali.

Conversei com os velhos, falei com os pais de Mira explicando os meus planos e, deles se juntaram mais quatro carroças em fuga para o leste europeu.

Milão e Veneza

Em Milão fomos atacados por uma milícia pertencente a um príncipe local, ainda saudoso do poder bandido que das famílias exerciam em suas terras. O grupo miliciano não foi muito longe. Montaram um acampamento num pasto próximo para pernoitares.

Juntei os homens armados cada qual com o seu punhal, nos aproximamos desse grupo e os atacamos de surpresa. O combinado era apunhalar nas barrigas de baixo para cima para inutilizar o máximo possível. O homem que estivesse livre ajudaria o outro que encontrasse mais dificuldades ou entrasse em luta corporal.

Eles estavam bêbados, foi fácil! Para a nossa segurança pegamos somente o que era nosso. O que era de valor e podíamos pegar, pegamos, mas enterramos bem distante dali para ser pego na ocasião de passarmos outra vez por ali.

A ideia era simular um assalto e, se fôssemos abordados não haveria qualquer prova de que fomos nós. Nunca fomos abordados, nada aconteceu. Cinco dias depois rumamos para Milão e, alguns dias depois chegou a notícia de que o grupo miliciano mais terrível da região foi morto por assaltantes pertencentes a outra família rival.

Tempos de prosperidade em Milão. Melhoramos muito a fabricação de cachimbos, a qualidade das nossas panelas e utensílios domésticos. Fizemos bastante dinheiro, agregamos outras ciganas por casamentos. Permanecemos por dois anos na região de Milão, até que o comércio ficou difícil, os comerciantes locais nos enxotando, as feiras muito policiadas e controladas.

Mira anunciou a gravidez, o que me tornou um cigano muito alegre e feliz pela prosperidade que conseguimos na região. Nasceu o meu primeiro filho. Cabelos pretos, olhos claros, esfomeado e gordo. Eu festejada toda vez que ele chorava para mamar, quando o pegava no colo. As velhas ciganas que cuidavam de Mira eram alvos dos meus presentes em agradecimento. Duas outras crianças nasceram logo em seguida. Era a prosperidade!

O nacionalismo milanês resurgiu e fomos expulsos aos berros e xingamentos da população que, até dois dias atrás conviviam conosco, usavam dos nossos serviços.

Época dura de viagem, muito frio, ventos secos do norte, campos sem frutas ou animais de cria soltos. Mas mesmo assim chegamos em Veneza.

Essa cidade-estado era o que tinha de melhor em termos de prosperidade, comidas diversas, chegadas e partidas de ciganos e, novidades vindas do comércio marítimo.

Foi aqui que pude conhecer ciganos do mar, verdadeiros marinheiros oriundos da Turquia, Grécia e Nápoles. Ciganos comerciantes que levavam suas famílias em suas embarcações e, com o hábito de comprar e vender as novidades em cada porto ou região. Vinham da Turquia com temperos, sementes e artigos de vidro, voltavam com vinhos, cortiça, couro e metais.

Estávamos numa região ligada ao mar e, ao mesmo tempo com uma parte sendo rota leste e oeste por terra. Um ponto de encontro de ciganos oriundos de todos os lados, viajantes do comércio e, aventureiros. As habilidades com idiomas da nossa tribo foi muito importante para as traduções entre comerciantes e viajantes nos portos. As pessoas ficavam maravilhadas com as nossas crianças que falavam três, quatro ou cinco idiomas e, ainda por cima arranhavam o árabe muito arcaico ensinado de geração em geração.

Eu mesmo fui convocado por capitães para intermediar uma negociação de *qahua*[3] oriundo da Turquia ou de terras portuguesas distantes. Era moda o consumo de *qahua* e *alsukar*[4]. Turcos preparavam o suco preto e quente que era sorvido rapidamente, seguido de uma sensação de euforia e disposição. O que me chamou a atenção foram as belezas das vasilhas de preparo do soco preto. Em pouco tempo eu as copiava em detalhes.

Já os torrões marrons esverdeados não eram tão acessíveis assim. Davam muita energia, deixavam os homens e mulheres excitados, as crianças incontroláveis. Um produto muito caro, vendido em pequenos pacotes aos ricos. Eu experimentei, achei muito doce, não gostei.

---

[3] café
[4] açucar

Enriquecemos em Veneza. Nosso grupo aumentou com o nascimento de muitos ciganinhos. Em média três nascimentos por ano. Inclusive eu fui abençoado com mais dois filhos. Um loiro bem claro e, uma menina de pele mais escura, na qual chamamos de Sara.

Caravana cigana. Fonte: http://theromany.weebly.com/photo-page.html

As saudades da Hungria voltaram. Os sonhos recorrentes, com conversas em húngaro e alemão, as danças e comidas estranhas que eu não conhecia me fascinavam e causavam tristeza. Dei a ordem para rumarmos.

Nossos cavalos eram fortes, tínhamos alguns de reserva, nossas carroças bonitas e novas, com bastante coisas para vendermos nas feiras, estoque de comidas secas e, dinheiro.

Acampados na Croácia eu me dei conta da minha vida miserável na Espanha e França, da minha prosperidade em Veneza e, um sentimento de dúvida sobre a decisão certa. Estávamos tão bem por lá. Rezada todos os dias para que a Hungria fosse tão próspera quanto.

Meu filho mais velho já estava chegando em idade de procurar uma noiva para um contrato de casamento, já que eu tinha como pagar um bom dote. O filho do meio desde pequeno era brigão, gostava de blasfêmias. Terminava o dia dolorido. Mira o castigava muito e, muitas vezes triplamente dolorido. Uma dor pelo ego ferido, por ter apanhado na rua e, castigado em casa.

Minha intuição me dizia que não era para me envolver nas contendas daquele garoto. Qualquer envolvimento poderia desencadear guerras entre os clãs, mortes e perdas irreparáveis. Deleguei os cuidados a Mira. Ela não tinha nenhuma paciência. Mesmo correndo atrás do arruaceiro, Sara não desgrudava dela. Várias vezes ela ia arrastada se ralando no chão, mas não soltava a saia da mãe. Ríamos muito!

O latrocínio de dois ciganos do nosso grupo deu o alerta de que não era para ficar mais por ali. Assim que os enterramos, levantamos o acampamento e rumamos para a Eslováquia.

No caminho o meu filho do meio desapareceu. Procuramos por quase um mês pela região toda e, nem rastro, nenhuma aparição. Nada!

Mira entrou em depressão, meu filho mais velho não comia direito. Eu perdi o foco. Como não podíamos ficar acampados por mais tempo na região, aceitamos a perda e seguimos viagem. Até a Eslováquia houve músicas de violinos durante os deslocamento, nem festas nas fogueiras noturnas. Durante muitos dias nem fogueiras.

Aos poucos fomos recompondo todos os hábitos. Mudei meu estado de espírito quando Mira anunciou outra gravidez. Entendi que um sinal divino me compensado pela perda. Ordenei que voltassem com as festas, a alegria, com as fogueiras e as danças. Deus nos devolveu outro cigano.

Algo me apertava o coração, dizendo que não deveria ter deixado Veneza. Essa dúvida me remoia por dentro, na responsabilidade de que tudo teria que dar certo. Meu povo ia me cobrar se algo de muito ruim acontecesse.

Meu estão de angústia foi substituído pelo pânico. Estávamos sobre ataque de soldados eslovacos. Ciganos que resistiram foram mortos e, aos gritos e golpes de porretes, todos foram obrigados a deixar as carroças com todos os pertences dentro.

Atearam fogo em tudo. Assim que as labaredas ficaram incontroláveis, foram embora com a ordem explícita para que deixássemos o país o mais rápido possível sob pena de morte.

Entre as cinzas ainda quentes e com sons de madeira emitindo estalos pelo calor, reviramos tudo para a busca de ferramentas, dinheiro, ouro. Qualquer coisa servia. Tínhamos de fugir.

Pensei nos cavalos, mas ao olhar vi que o campo estava vazio. Levaram todos!

Só com algumas ferramentas e as roupas do corpo, empreendemos a caminhada rumo ao sol nascente. A cada dia uma vitória, a cada coisa ganha na mendicância, a cada panela reformada, o pouco ganho sumia diante das muitas bocas para alimentar. Muitos do grupo voltavam sem nada, às vezes uma galinha roubada que virava uma sopa rala par todos.

Pensava em Veneza o tempo todo com um sentimento de arrependimento. Tinha que manter meu povo vivo e andando. Seguimos em passos acelerados até percebermos que as pessoas a nossa volta falavam alemão com palavras em húngaro. Recolhemos madeira e montamos nossas tendas cobertas com folhas por ali mesmo.

Enquanto as mulheres melhoravam nossas tendas com mais filhas, moldavam panelas em barro para preparar alguma comida. Juntei-me a alguns homens para procurara algum ganho, algo que pudesse levar para comermos.

As vilas mais próximas eram pobres, mas sempre nos davam um pedaço de pão, alguns grãos, um pouco de trigo.

Hungria, sobreviver

O pouco de alemão e húngaro que falávamos nos ajudou bastante no processo de adaptação. A Europa passava por um processo de formação das nações, de conflitos ideológicos com embates entre os nobres que queriam manter seus privilégios diante dos ideais iluministas oriundos da França.

E assim eu cheguei em terras dos meus antepassados que as nossas tradições fez questão de passar de geração em geração.

As coisas não me pareciam totalmente estranhas. Em pouco tempo toda a tribo já conseguia se comunicar muito melhor, corrigindo o idioma. A Hungria vivia uma fase nacionalista e o alemão, romeno, russo e francês eram motivos de hostilidades.

Por várias vezes tivemos que contar a nossa história secular de expulsão pelos otomanos e a guarda nacional e que estávamos de volta pelo patriotismo. Por isso no nosso húngaro estava bem diferente, porém voltamos para pegar a nossa cultura de volta.

Essas afirmações abriram algumas portas, mas não o suficiente para que melhorássemos de vida. Nunca houve qualquer cigano da tribo que questionou a minha decisão de ter deixado Veneza. Foi uma fase muito próspera sem igual a nossa tribo. Agora estávamos no mesmo pé de pobreza, mendigando por comida, trabalho ao pouca paga.

A nossa situação me preocupava muito, causava muito remorso. Passei a beber para tentar esquecer o meu erro. Achei que tudo aquilo que passamos foi alguma praga. Talvez fosse o assassinado de Pablo.

Eu vivia como todos na tribo. Roupas roídas de velhas, com queimaduras de frio. Ao contrário da maioria dos outros ciganos, eu ganhava peso. Sentia muito sono e dificuldades para andar, raciocinar.

Bêbado num canto de uma feira com as minhas ferramentas para remendar tachos e panelas, com os cachimbos expostos para a venda, sentia vergonha de voltar para a tribo. Todos os dias eu entrava cabisbaixo, não falava muito e muita coisa me passava despercebido.

Eu era uma figura folclórica naquela feira. Há anos tentando ganhar a vida ali me fez uma pessoa muito acomodada. Na feira eu me escondia, via muitas pessoas mas poucos me viam. Eu era invisível à maioria.

— Boa tarde velho cigano! — cumprimentou um cigano muito exuberante, altivo e de olhar direto.

— Boa tarde! O que deseja, um cachimbo. Os melhores são estes daqui. Feitos de pura cerâmica e revestidos com bom cobre. Ou deseja uma panela. Só tenho essas pequenas aqui de lareiras. Mas se desejar faço uma do tamanho que desejar. Entrego em sua casa... — respondi de forma automática.

— Não! Meu nome é Jòrd. Sou um Kalderachi como você e vi que precisa de ajuda. — explicou o cigano misterioso.

— Ajuda? Se nem Deus pôde me ajudar, o que você poderia fazer? — desdenhei.

— Explique isso para a essa anciã ao seu lado. — apontou Jòrd

Olhei para o lado, voltei a atenção ao o cigano e fiz cara de deboche.

— Ela veste uma saia em tom azulado, enfeitada com bordados de flores em branco. Sua blusa é de algodão cru por dentro e a camada de fora enfeitada com flores de tecido. Ela fuma um cachimbo igual ao seu. Os olhos dela são escuros, com duas tranças de cabelos brancos. O rosto muito enrugado que quase que não dá para ver os olhos. Seu lenço... — explicava Jòrd.

— Chega feiticeiro! — gritei espantando as pessoas que estavam em volta. Mas como sabiam que eu era um bêbado conhecido, logo voltaram aos seus afazeres.

— Sim, sou um feiticeiro. A anciã me procurou para que eu o ajudasse. Venha comigo! — falou juntando as coisas do tabuleiro e apontando para as panelas. Peguei-as.

Andamos por uma hora até um grupo cigano próspero. Carroças lindas, ciganas bem vestidas, bochechas rosadas e gordas. Todos aparentavam ser bem alimentados. Senti inveja e saudades das suas carroças, das festas ao cair da tarde na beira de uma estrada ao luar, com estrelas como testemunhas.

Entrei naquela carroça grande, foi recebido por uma cigana que não andava descalça. Serviu chá com pão e cereais cozidos, peixes grelhados e, tudo num prato de metal muito bonito. A quanto tempo não eu via um prato tão bem montado assim.

Assim que a cigana saiu do carroção, Jòrd começou a me explicar a espiritualidade, como as coisas funcionam e, as oportunidades que deixei escapar ao não atender as intuições direito, não se desenvolver e, pior, não honrar os dons espirituais presenteados como herança.

Fiquei sem entender, mas ouviu atentamente, já que toda aquela conversa foi bem paga com um saboroso jantar.

Jòrd agradeceu a atenção, deu-me algumas moedas para compensar a tarde de trabalho perdida e recomendou que eu estivesse de volta no outro dia bem cedo. Tentei recusar, mas interrompido, Jòrd deu-me mais dinheiro para compensar o dia e o obrigou a voltar prometendo-lhe muito mais.

No outro dia não teve mais dinheiro, já que a paga tinha sido no dia anterior.

— Quando você seguiu seus dons espirituais, conseguiu obter alguma prosperidade. Mas quando se deixou levar pelo ego, caiu em desgraça. Espero que me ouça, siga meus conselhos e ensinamentos para salvar o que resta da sua tribo. — iniciou Jòrd.

— O que eu fiz de errado? — perguntei.

—Ser um barô requer responsabilidades,

nomear alguém mais velho para se desenvolver espiritualmente para ajudá-lo. Ouvir os anciões antes de decidir. Fez tudo errado! — explicou Jòrd fuçando numa caixa ao lado da cama. — Esqueceu-se de seus amuletos, banhos, épocas certas para iniciar viagens, os rituais de sorte e das tradições. — completou.

Jòrd me deu alguns amuletos para que distribuísse entre os ciganos que trabalham com o comércio. Ensinou como eu deveria orientar as limpezas espirituais das tendas. Separou ervas para que as ciganas se banhassem mesmo que de leve, só nas pernas. Pablo confirmou que a muito tempo as ciganas se esqueceram das tradições ritualísticas. A última vez que vi as ciganas se cuidarem espiritualmente foi do tempo em que a anciã ainda estava viva.

A cada dez dias eu procurava Jòrd para me desenvolver, tiras dúvidas, treinar habilidades que todos os barôs devem ter para manter a tribo saudável e capaz de sobreviver.

Senti melhorias na minha tribo, começamos conseguir mais clientes para as panelas, cachimbos e conseguimos um fornecedor de tabaco, assim conseguíamos ganhos maiores até começarmos a construir as nossas carroças. Juntando madeira, confeccionando as partes de metais, pregos e couro, já não morávamos mais em tendas precárias.

Um dia acordei e percebi que as crianças não andavam mais esfarrapadas, as mulheres mais enfeitadas e os homens mais gordos. Eu mesmo ganhei muito peso, era um cigano velho que andava com dificuldades, suava muito ao caminhar. Não comia muito, alimentos muito doces me causavam sensações estranhas.

Ia à feira com dificuldade, mas tinha meus clientes certos para manutenção e venda de meus cachimbos, venda de tabacos especiais, aromatizados com ervas. Soube dos parentes de Mira que na França havia o hábito de preparar um cachimbo pequeno de barro para acalmar os filhos muito ativos e incontroláveis. Então passei a fabricá-los e as vendas eram muito boas. Sara os decorava com temas folclóricos tradicionais da região, Páscoa, Natal, Festas etc. As crianças costumavam quebrá-los e eu vi um bom negócio nisso.

Como mencionei, os parentes de Mira que vieram atrás de nós acompanharam ciganos franceses colonizadores de La Bresse. Queriam esposas para os ciganos em idade de casar. Não encontraram ciganas solteiras e então partiram na rota ciganas do sol nascente atrás de tribos até nos encontrar.

O dote de Sara foi muito útil para completar uma boa quantia para o dote do meu filho mais velho. A idade adulta dele não era motivo de vergonha, pois os conflitos de uma Europa em transformação causaram perdas significativas aos ciganos.

Era raro encontrar ciganos ricos ou em situação de prosperidade. Quando atingíamos uma situação de relativo conforto e segurança, perdíamos tudo pelo preconceito e ataques.

Os grupos eram pequenos, não mais do que vinte indivíduos, vivendo em tendas precárias, migrando para regiões mais quentes para enfrentarem o inverno rigoroso no norte. Quando eram mortos por armas brancas, de fogo ou pauladas carregadas de xenofobia e racismo, morríamos de fome e frio.

A revolução húngara rumo ao nacionalismo provocou o confisco de ferro para a fundição de canhões e armas. Grupos ciganos eram abordados por exércitos ou milícias de nobres em decadência, tinham seus fogões de ferro que serviam de aquecedores confiscados. Muitas vezes até mesmo os aros das rodas das carroças eram retiradas.

Minha tribo prosperava e, muitas vezes ajudávamos tribos ciganas muito pobres, convidando-os para que montassem seus acampamentos ao lado do nosso para que usufruíssem do fogo, do alimento e da proteção.

Uma dessas tribos em fuga da Ucrânia tinha várias ciganas solteiras e muito lidas. Deixei que meu filho escolhesse a que mais lhe agradava e negociei o dote. Casei o meu filho, numa festa que reuniu várias outras tribos próximas, incluindo o Jòrd e sua família. Veio a tribo dele inteira com muita comida e vinho. Foram os mais animados durante os três dias.

Sara e sua família não pôde vir ao casamento do irmão mais velho, pois a tradição era que ela agora estava sob o comando da sogra, pertencia à família do marido. As notícias era que ela esperava o terceiro filho e não foi autorizada a viajar.

Meu filho era mais dinâmico no comando da tribo, ais ágil e muito proativo. Organizava turnos de proteção em épocas de boatos de ataques. Organizava as carroças para que só houvesse uma entrada e, cuidava bem dos cavalos.

Jórd sempre vinha me visitar. Seus cabelos e bigode grisalho, sem barba revelava uma pele branca avermelhada e cheia de rugas. Eu não conseguia andar como antes, tinha dificuldades para mover as minhas pernas inchadas. O cansaço limitava a distância.

Sempre que vinha praticávamos a magia, a mancia e determinávamos as ações futuras, os perigos as tendências. Voltei a ler o futuro através das pedras.

Mira já não tinha mais a agilidade que a fazia muito útil. Sentia muito a falta da filha e que gostaria de ver os netos. Então declarei meu filho mais velho como o chefe e organizei uma viagem para a França.

Dias antes de partir Mira caiu no meio do pátio e morreu rapidamente. Não tive tempo de me despedir, tratá-la ou declarar meu amor mais uma vez.

Apenas adiei a viagem por causa do enterro, o luto e reorganizar a coisas. Tudo ficou mais difícil para mim, pois não conseguia abaixar para pegar as coisas no chão, para me banhar ou deitar para dormir.

Passei vários dias sentado ao lado da minha carroça a ver a minha tribo recuperada, nos meus sentimentos de remorso por ter provocado grande perdas. Mas estávamos recuperados. Todos bem vestidos, gordos, saudáveis, barbas longas e brilhantes seguindo a tradição regional. Os cabelos das mulheres não eram mais quebradiços e embaraçados. Agora eram vistosos, provocativos, cobertos com lenços bonitos e novos.

Não havia piolhos nas crianças e a maioria não andava mais descalças ou seminuas. Estavam vestidas adequadas para o clima.

Apesar da visão meio turva, não identifiquei nenhum rasgo ou remendos nas roupas de ninguém. Décadas atrás éramos somente rementos em poucos trapos que chamávamos de roupas. Como sofremos no inverno, com as plantas dos pés queimadas por não termo nenhum calçado, em tendas todos amontoados feito bichos em tocas.

Meu ego me tornou um homem pobre. Pelo que fiz essa gente passar, me sentia muito pobre.

Encontros inusitados

Passei parte da manhã sentado no mesmo lugar de sempre, pitando o cachimbo e a olhar meus ciganos em suas atividades. Meu filho veio me ver, disse estar feliz pela chegada do meu neto antes do final do outono. Senti os meus pés apertados dentro da bota, meus braços dormentes e fazia tempo que o toque do tecido gelado não incomodada meus ombros.

Reparei que a minha barba longa e grisalha estava meio amarelada, cheirava tabaco aromatizado com suco de morango silvestre com hortelã.

Pensei que deveria aproveitar o dia e procurar todos os ciganos da tribo e pedir desculpas por todas as minhas falhas, decisões erradas. Desculpar-me pelas perdas e mortes que poderiam ser evitadas, nas dores que causei. Isso aliviaria meu sentimento de fracasso.

Levantei-me sem sentir dores. Pensei que a vontade de pedir desculpas aliviaram minhas dores. Falei com um grupo de ciganos trabalhando com tachos, mas nenhum deles me deu atenção. Irritei-me!

Fui até as ciganas velhas e as chamei para conversar. Elas não me deram qualquer atenção. Fui ignorado da mesma forma que os homens que estavam trabalhando. Chamei as crianças. Não me obedeceram. Briguei com elas e fui ignorado.

Comecei a ficar muito irritado, gritei, tentei ter a atenção de todos ao meu lado. A vida da tribo passava como se eu não estivesse ali. Pensei que desistiram de mim por dedo de que eu os leve para outra desgraça.

Percebi que havia muitos ciganos estranhos ao redor das carroças. Andei na direção deles para recebê-los. Mira estava entre eles. Assustei com a visão!

Eu estava acostumado a ver espíritos, nunca me assustei, até percebia seus recados e os via como uma forma de fonte de decisões, conselhos e avisos. Andei na direção dela e, percebi que ao lado tinha o meu sogro. Do outro lado a anciã que muito me ensinou e que eu deixei seus ensinamentos adormecidos por muito anos.

Fui abordado pelo meu tio avô, puxado pelo braço até o meio do grupo. Identifiquei muitos ciganos que foram mortos ao longo das nossas viagens. Fui apresentado a uma mulher loira, muito branquinha, de olhar doce e um sorriso que transmitia muita calma e felicidade. Identificou-se como minha mãe! Atrás dela um cigano moreno, alto, com cabelos muito negros e lisos. Tão escuros quanto os seus olhos miravam os meus olhos. Era Pablo, o barô de deu origem ao meu nome.

— O que está acontecendo? — perguntei tranquilo, pois sabia que eram todos espíritos.

— Você deixou o mundo da carne, agora é um espírito como nós! — explicou Pablo sem fazer rodeios.

Neste ponto eu fiquei assustado, tentei sair dali e voltar à carroça, acordar e contar para todos que vi todos os meus antepassados. Voltei para a minha carroça e vi um grupo de ciganos em volta do meu corpo sentado, ainda segurando o cachimbo na mão. Ninguém teve coragem de me tocar.

Vi meu filho chegar, chorar e ordenar que me colocassem sobre a minha cama. Ele colocou o meu cachimbo no meu bolso sem ao menos tirar o tabaco.

Aos poucos foram chegando outros ciganos que estavam fora do acampamento, outros que nem eram da tribo. Marceneiros preparavam o meu caixão enquanto me arrumavam para o funeral.

Meu corpo foi colocado no meio do acampamento e todos os ciganos ali presentes formavam um grupo maior do que os desencarnados. Ninguém saiu do lado do meu corpo durante a noite toda. Nem mesmo as crianças.

Muito choro, declarações de amor e confissões. Os mais velhos da tribo contavam as dificuldades, histórias boas e ruins que vivemos juntos. Todos afirmaram que se pudessem viviam tudo outra vez. Em nenhum momento pensaram em me abandonar ou cometer qualquer tipo de traição.

— Ouviu isso Pablo? — pergunto Jòrd, falando diretamente comigo como se ele estivesse morto também.

— Ouvi amigo! Você também morreu? — indaguei surpreso com a presença do amigo.

— Não, mas eu os vejo. Sempre vi os desencarnados. — explicou Jòrd. — Tudo que fiz por você foi a pedido dos seus parentes em espírito. — detalhou.

Ouvi as ciganas comentando que sempre tiveram a preocupação de não demonstrar qualquer tipo de descontentamento por que sabiam que eu fazia o melhor para a tribo. Percebi que eles sabiam que os problemas foram causados por outras pessoas, por ganância e a política nacionalista de cada região.

Vi tantas pessoas no meu velório que nem podia imaginar ser tão querido assim. Cinco tribos ciganas diferentes, várias famílias de clientes e de amigos, curiosos e, os espíritos ao redor.

Minha visão foi turvando, me senti muito sonolento, a visão foi se apagando. Não vi o meu sepultamento.

Egrégora cigana

Acordei dentro de uma tenda cigana às margens de um grande grupo formado por centenas de tribos ciganas em um grande campo aberto. Vi tendas turcas, ciganos berberes e touaregs, sinti, poloneses em suas carroças coloridas, carroças em tons naturais de madeira e couro de tribos nômades bem do norte.

Aos poucos fui me recompondo e fazendo amizades com ciganos de todas as etnias, andando pelas estradas infinitas, acampando em lugares lindos. Tinha sensações como fome, medo e sono, porém não comi e não ficava fraco, não dormia e não caia de sono. Não sabia de onde vinham os meus medos. Eram medos de coisas que eu não sabia do que.

Andando pelas estradas desses campos abertos, passei por desertos, alternados por florestas densas e, com tribos nômades ciganas vivendo em pequenas clareiras. Eram hostis às aproximações de estranhos, então aprendi a passar longe deles. Quando achava que precisava montar acampamento eu o fazia longe desses grupos.

Numa estrada sinuosa à beira de algumas montanhas pude ver ao longe uma tribo cigana com estilos de tendas muito parecidas às que eu cresci. Acelerei meu passo até eles e aos poucos pude identificá-los. A anciã, os velhos, ciganas e, as crianças da tribo que morreram vítimas de doenças.

Fui bem recebido, com emoção de todos e, especialmente da anciã que esteve presente na minha recuperação como chefe de tribo até a minha morte. Como pude esquecer dela esse tempo em que estive a vagar por essas terras ciganas?

Ela me convidou para me juntar a eles. Aceitei sem pensar, como se eu voltasse ao meu povo de origem. Ganhei um pouco de alimento. Uma comida desconhecida, muito diferente da tradição. Era uma tigela cheia de uma espécie de sopa recolhida de uns ciganos que apareciam de tribo em tribo para nos alimentar. Senti que não era esmola, nem comprada. Havia neles um sentimento de caridade e atenção para nós, os mortos. Sim eu tinha consciência de que eu estava morto.

— Anciã, por que há tantos ciganos reunidos aqui nessa região? — perguntei da mesma forma que fazia quando criança que cresceu ao lado dela.

— Olha, sei que este espaço existe por que somos ciganos, pensamos como ciganos, não vemos um mundo diferente das tradições Romá. Somos espíritos que não queremos deixar de sermos ciganos. — explicou rindo como sempre, apertando as rugas em torno dos olhos e, sem nenhum dente na boca.

— Um cigano pode deixar de ser cigano? — indaguei estendendo a conversa.

— Claro que pode. Pelo que eu soube por aqui, há grupos que vem convidar alguns ciganos para voltarem como um Gadjô. Por aqui ninguém quer! — gargalhou a anciã.

Passei a viver ali com eles, ocupando os meus

dias fazendo coisas que todo o cigano faz. Coisas de ciganos! Como não tinha mais que tentar a vida, mendigar ou vender coisas. Passava as horas arrumando as tendas para um inverno rigoroso que nunca veio, dançando, cantando e fabricando cachimbos que eram doados aos ciganos que passavam pela estrada.

Velha cigana. Fonte: Domínio público

Sentados ao redor da fogueira num eterno cair da tarde, com temperatura agradável, regado a sopa e conversas, apareceram dois ciganos de aparência típica dos meus antepassados. Cumprimentaram a todos, se dirigiram à anciã, conversaram algo que eu não consegui escutar. Os três se levantaram e saíram pela estrada. Tive a sensação de que andaram muito rápido, pois em questão de segundos tinha desaparecido. Até me levantei para olhar e só vi a estrada longa e vazia. Imaginei que deve ter saído em alguma trilha lateral.

Parece-me que demorou dias para a anciã voltar. Voltou sozinha, parecia cansada. Sorveu uma tigela de sopa em silencia, deitou e dormiu por alguns dias seguidos.

— O que houve anciã? — perguntei logo que ela saiu da tenda.

— Um trabalho de urgência que tive que fazer a pedido da Lei Maior. — respondeu sem me olhar. Estava ajeitando suas longas tranças de cabelos grisalhos com as pontas amarradas com fitas vermelhas.

— Que trabalho foi esse? A Senhora não tem idade para trabalhar. É minha obrigação trabalhar para sustentá-la. É a tradição! — forcei uma resposta dela.

— São chamados dos barôs espirituais. Eles no convocam segundo as nossas habilidades, a missão a ser executada. — respondeu olhando para o alto e depois para uma direção. — Quando foi preciso te ajudar, os barôs espirituais vieram me convocar, pois me vendo a orientação teria mais credibilidade. Por isso me viu em vários sonhos. Apareci para um médium cigano lá na feira.

— Entendi. — encerrei o assunto sem entender nada de fato. Havia mais mistérios do que certezas.

Então deixei de lado.

Sempre que conversávamos sobre a organização do mundo espiritual a anciã sempre apontava para uma direção. Perguntei por que ela sempre se dirigia a uma direção e a resposta foi: "direção da Luz". Confesso que fiquei sem entender que luz era essa. Eu olhava em todas as direções e via somente o sol, a lua ou fogueiras. Algumas vezes uns pirilampos nos campos.

Por várias vezes a anciã se ausentava por um tempo, voltava cansada, se alimentava, dormia até se recompor. Tentava cuidar dela, mas vi que eu não tinha nada a fazer, nada para oferecer e nem mesmo qualquer informação.

Com o tempo comecei a enxergar um clarão na direção que a anciã sempre apontava. Fiquei curioso!

Planejei viajar até essa luz, juntar sopa num pote, roupas e pensei em desmontar a minha tenda. Antes de iniciar o desmonte a anciã surgiu ao meu lado.

— Não precisa desmontar a tenda. Se quiser ir até a Luz basta seguir a estrada. — disse segurando o meu braço.

— Como assim? — perguntei espantado com o fato de saber para onde eu queria ir. — Como soube que eu quero viajar na direção da Luz? - completei a pergunta.

— Todos quando começam a enxergar a luz procuram por mais luz! Basta seguir a estrada e pensar na luz. Chegará lá. Nem precisa levar nada. — ela completou dando as costas rumo à tenda.

Fui à estrada, olhei para um lado, olhei para o outro. Pensei em qual começar a andar. Se não foi um direção é a outra. Pensei na luz e comecei a andar. Poucos passos depois apareci na frente de um grande aglomerado de ciganos.

Eles estavam divididos em grupos de vinte ou trinta, voltados na direção de ciganos que lhes falavam. Me aproximei de um deles. Mesmo de forma sorrateira fui percebido, acolhido por todos. Perguntei se poderia me sentar ao lado deles. Senti um sim cordial e então passei a ouvir esse cigano.

Ele explicava como funcionava a grande núcleo de luz. A luz era o conhecimento que tirava os espíritos das trevas. Conforme fôssemos evoluindo poderíamos acessar os grupos mais ao centro, ter informações mais profundas e até atuar com espíritos colabores e mentores espirituais.

Aprendi acessar essa região mais facilmente e passavas dias ouvindo lições e exemplos, acompanhado estudos de casos.

Um dia fui abordado com um pedido de permissão para que pudessem estudar alguns fatos da minha vida à luz da espiritualidade. Permiti!

Imagens da minha última passagem em vida pela terra vieram às mentes de todos do grupo. Não entendia como tais imagens se projetavam. Era eu me vendo em situações, conversas, preocupação, espíritos me intuindo, espíritos me atacando, sugando energia e gritando por decisões erradas.

Assistimos a fuga do meu segundo filho. Ele fugiu! Esgueirou-se pelas vilas, mendigou e, conhecendo os nossos hábitos e técnicas de rastreamento, conseguiu escapar. O garoto era muito ardiloso, parecia uma raposa esperta. Conseguia doações e alimento contando histórias tristes, se abrigando em celeiros e aceitando morar em orfanatos para conseguir roupas e calçados. Depois fugia.

Ele nos seguiu por estradas paralelas. Quando chegávamos em algum vilarejo ele já tinha passado por lá e nos vigiava. Ele exalava nuvens escuras ao redor dele, sua mente projetava ódio por mim. Minha imagem sempre se projetava e era sugada por essas nuvens de forma destrutiva.

O garoto encontrou um grupo de soldados e convenceu os oficiais de que era uma criança sequestrada. Era parente próximo de um alto oficial e que os rivais políticos o pressionavam por uma rendição, botando a causa nacionalista em risco.

O mentor espiritual pausou a projeção e projetou outra dimensão próxima do garoto, revelando espíritos ardilosos influenciando as atitudes, implantando a história mentirosa, com outros convencendo os oficiais às decisões.

Logo em seguida assistimos todo o ataque do pelotão, soldados invadindo as carroças, revistando tudo, agredindo violentamente os homens e crianças. Não encontrando o que procuravam incendiaram tudo e roubaram os cavalos.

O garoto assistiu tudo escondido no mato, escoltado por um soldado. Foi embora com eles e, na primeira oportunidade fugiu.

Fui inundado por sentimentos de raiva, ódio, tristeza profunda, de fracasso como pai e chefe da tribo. Tudo ao meu redor escureceu, não percebia mais nada além dos meus baixos sentimentos e, muita dor. Comecei a vagar num ambiente denso, sofrendo ataques de energias pesadas que me deixava exausto, incapaz de caminhar.

Toda vez que eu me lembrava da traição do meu sangue, o meu corpo ficava com a sensação de alguns dias da minha morte. Pesado, inchado, de difícil deslocamento. Eu me arrastava em direções aleatórias me arrastando feito um aleijado inútil. Eu fedia! Fedia tanto que o meu péssimo cheiro se deslocava na direção do meu ódio. A força do ódio me arrastava.

Fui ficando tão degradado que era um amontoado de um espírito raivoso, não conseguia mover mais, atolado nos próprios sentimentos. Não lembrava mais de ninguém. Era eu e o ódio.

Não sei quanto tempo passou, mas já não manifestava mais o tal ódio, nem sentimentos de vingança. Minha mente era um vazio. Como um vaso sem nada dentro, sem pensamentos ou desejo. Eu apenas olhava o movimento de uma turbidez que as vezes deixava escapar algum facho de luz tênue. O vazio era eu.

Um facho de luz ficou mais forte e através dele surgiu um homem todo envolto em turbante azul escuro. Ele brilhava como se o tecido estivesse sido lavado naquele momento. Vi que as fumaças escuras e fedorentas não o alcançavam. Nem mesmo os amontoados amorfos que gemiam não o seguravam. Ela andava tranquilo por ali.

Parou na minha frente, estendeu a mão, colocou-me no seu colo e começou arrancar uma massa escura, grudenta e muito fétida que a muito estava grudada no meu corpo. Ele não tinha nojo daquilo, nem mesmo evitava o cheiro putrefato exalado quando a tal massa era arrancada. Fez isso por um bom tempo, o que equivaleria um quarto de dia.

— Vim te resgatar Pablo, já decantou todos os baixos sentimentos escondidos na sua alma. Está pronto para uma nova fase. — falou de forma dura e direta.

Foi então que pude ver por entre o turbante. Era um homem de pele tão escura quanto a de Santa Sara Khali. Olhos bem pretos, aparência magra e alta. Puxou-me para fora daquele ambiente. Adormeci.

Acordei novamente em minha tenda, com aquele homem misterioso ao meu lado.

— Quem é você? — perguntei ciente de onde eu estava.

— Assallam'u Allaykum! Sou Ibraim, um cigano touareg, encarregado de te amparar e te curar. — respondeu fazendo um gesto gentil, tocando o próprio peito, a boca, a testa e levando a mão ao alto. — Venha!

Ibraim me explicou que normalmente após o desencarne nos jogamos naquele lugar onde todos os sentimentos inúteis à nossa evolução são decantados. Permanecemos ali até que estejamos prontos para dar mais um passo na evolução.

Ele deixou claro que até mesmo bons sentimentos em demasia, que possam atrapalhar a evolução, são decantados ali. São pessoas que são caridosas demais, se acham santas ou com mania de perfeição social.

— Como você desencarnou em pás, com sentimentos de humildade e de reconhecimento das próprias falhas, a sua condição o trouxe aos primeiros passos evolutivos, menos densos, onde pequenos grupos se juntam por afinidade e os mais evoluídos recebem e os tutelam. A anciã é um espírito evoluído que o recebeu e o observou para que não tivesse uma recaída sem a devida atenção. — explicou iniciando a caminhada pela estrada.

Voltamos aos círculos de luz e eu já não estava entre os periféricos. Andamos por entre as turmas de esclarecimento, vi que os assuntos eram bem mais avançados. Falavam de caridade, outro de reencarnação fora da egrégora cigana e, outros da magia cigana.

— Ibraim, estou me lembrando dos meus filhos. Gostaria de vê-los, saber qual foi o destino de Sara, do meu filho mais velho e, até do que traiu a nossa tribo.

— falei expressando entusiasmo.

— Calma que isso depende de autorização, de um treinamento e, uma função para todos os envolvidos. Pode ser que o que encontrará por lá possa despertar a fúria, dó ou que você tente interferir nas decisões deles. — falou sem ao menos parar ou me olhar. — Chegamos! Agora fique aqui nesta área e aprenda com essa cigana. — ordenou Ibraim.

Mais uma vez fui recebido cordialmente e passei a aprender sobre a função dos nossos sentimentos, da simetria espiritual, das afinidades e como nos proteger dessas influências.

Evitei os grupos que ensinavam sobre a importância de deixarmos o espírito cigano e tentarmos outras formas de experimentar a vida, de viver outros problemas e situações. Não! Eu não queria deixar de ser cigano.

— Ibraim, por que vivemos nesse lugar só de ciganos e com poucos gadjôs circulando entre nós? — extravasei minha maior dúvida aproveitando a visita do meu médico espiritual.

— Venha comigo! — ordenou Ibraim segurando o meu braço em direção à estrada. — Veja, esse grupo é só de pessoas que amam a luta, vivem pela luta, sonham com luta. — apontou para um grande grupo de pessoas se atacando, lutando, lutando e, lutando.

— Tá, mas por que não saem? Afinal é bom ser cigano, mas lutar... — afirmei e sendo interrompido.

Ibraim explicou que os grupos se formam por

afinidades, por crenças, valores e sentimentos. Qualquer um que tenha grande afinidade pela luta não enxergará nada fora deste ambiente.

Andando pelas estradas passamos por uma egrégora onde todos oravam fervorosamente. Não comiam, não interagiam com nada, só oravam. Outro grupo era formado por índios. Vivendo de forma quase que igual aos ciganos, organizados em grupos e tribos, com suas tendas, caçando e pescando e, neste eu reconheci um núcleo de luz.

— Observe Pablo! — apontando para o grupo de índios. — não tem diferença entre acreditar que deve ser sempre cigano ou ser sempre índio. A convicção desse sentimento é que causa a agregação espiritual. Veja que ali tem um grupo que nem sabe que morreu. Levam a vida como se estivessem em seu território. É como aqueles grupos de ciganos que você viu na mata e eram hostis aos estranhos. — completou o raciocínio me fazendo entender sobre o que nos une em espírito.

Continuamos andando e encontramos um grupo de cristãos seguindo Jesus Cristo. Eram espíritos de tudo que é cor, vestes, culturas ou raça.

— É aqui que Jesus Cristo está. Quero falar com ele! — gritei espantado.

— Calma Pablo, este Jesus Cristo não existe! — ripo Ibraim.

— Como ousa falar que Jesus Cristo não existe! Olha ele andando cercado de fiéis. — gritei indignado com a afirmação.

Ibraim foi paciencioso e me explicou que aquele Jesus Cristo era uma projeção mental de todos que estão ali. Eles dividem a mesma crença e ela forma essa casca que anda fazendo milagres imaginários.

— Veja, aquele outro grupo está participando do Calvário de Cristo e se mutilando. O mais novo ali tem quase mil e quinhentos anos de auto flagelo. Aqueles estão meditando junto com Buda. — foi apontando e grupos enormes mergulhados em suas crenças. — Olha uma casca de Santa Sara e milhares de ciganos em adoração e delírio.

Aproximei-me do grupo, percebi que a santa sorria falava, andava, tocava os espíritos e, repetia tudo outra vez, conforme a movimentação desse grupo. Tentei falar com ela, toquei, parei em frente e ela não me deu atenção.

— Vamos Pablo, as lições de hoje se encerraram. — e como sempre, Ibraim deu a ordem me puxando pelo braço.

As lições continuaram. Houve visitas aos mais diversos mundos espirituais formados por egrégoras de espíritos bons, maus, loucos, doentes, perdidos no tempo e espaço. Aprendi que até mesmo o inferno é uma região espiritual formada pelos sentimentos de autopunição, autojulgamento injusto e, sentimentos a serem decantados. Enfim, o inferno não existe, porém há os que vivem nele, com demônios, fogo e castigos.

Demônios e espíritos de outros orbes

Ibraim me levou para outros orbes espirituais. Vi seres muito diferentes dos espíritos humanos. Egrégoras espirituais amontoadas trocando fluídos espirituais e energias.

Aprendi que muitos deles até podem ser invocados, até aceitam ordens humanas em troca de energias úteis a eles. Alguns manipulam energias muito específicas, associadas à transformação, à destruição, ao ódio, à reprodução que pode ser confundida com amor e sexo.

Fui levado em lugares na terra em que pessoas manipulam esses espíritos, e os ordenam às tarefas movidas puramente pelo ego. Devolvem elementos específicos organizados em receitas de alimentos, de objetos, sons e, até energia vital sacrificando outras pessoas.

Pude acompanhar espíritos humanos se passando por demônios e escravizando magistas sem que eles percebessem. A conexão da escravidão está no orgulho do mago.

Acompanhei negociações para quebra de magias que envolviam espíritos que vibram os baixos sentimentos. Embates espirituais entre grupos de sentimentos distintos.

Numa aula sobre embates espirituais eu vi grupos manipulando energias diversas, utilizando espíritos menos conscientes e, até ovoides de espíritos em processo de involução.

— Ibraim, por que estou aprendendo sobre essas coisas? — perguntei não entendendo a função daquelas vizitas e lições.

— Mais adiante entenderá o que lhe espera, então aproveite o que vê e entende.

Confesso que no início eu me senti curioso mas acabei por não gostar de tudo que pude acompanhar. Geralmente a maioria do que vi estava diretamente ligado aos desejos e ao ego e, as entidades, demônios e espíritos respeitam o livre arbítrio do magista e os atendem.

Família

— Venha Pablo! — outra vez fui puxado pelo braço sem a opção de acompanhar de livre e espontânea vontade.

— Aonde vamos Ibraim? — tentei negociar.

Andamos pela estrada até sairmos numa rua de uma vila francesa de La Bresse. Sabia onde eu estava mas não conhecia as casas.

Entramos numa casa bonita, toda enfeitada com flores, móveis bons, cozinha ampla. Nesta cozinha tinha quatro mulheres conversando. Vi que uma delas se assemelhava com Sara, minha filha.

— Sim Pablo, esta senhora é sua filha. — As outras três são as noras que a amam e vem todos os dias para fazer bolo e conversarem. — explicou Ibraim apontando para cada uma delas.

Fiquei emocionado, feliz. Exalei tanta felicidade que vi as mulheres brincando de gargalhando sem um motivo. Meus sentimentos influenciavam o ambiente.

— Percebeu que o que você sente e manifesta influi no ambiente? — perguntou Ibraim.

— Sim, percebi. Estou feliz! — respondi observando tudo e todos.

Sara teve oito filhos. Três homens e cinco mulheres. Todos casados. Formou uma família próspera com a criação de galinhas e ovos, depois com a fabricação de cachimbos.

Dois filhos ganhou muito dinheiro fabricando cachimbos com as técnicas de decoração que aprenderam com a mãe. Outro virou agricultor e plantava ração para as criações de galinhas. As filhas se casaram com bons homens, trabalhadores e prósperos.

Quanto tempo passou, vi meus bisnetos que brincavam na rua. Meus netos trabalhando e sendo sérios e fiéis às suas esposas.

O tempo de visita terminou, Ibraim me puxou outra vez pelo braço. Saímos pela estrada até chegarmos numa rua em frente a um presídio na Eslováquia. Ambiente rodeado de espíritos densos e raivosos, vingativos e tristes. Entramos coma permissão de espíritos que guardavam a porta.

Cheguei a uma cela com dois presos, um deles era o meu filho do meio. Ele olhava pela grade, fitava o infinito, pensando sobre o que faria ao sair da cadeia.

Senti tristeza, pena e uma mistura de compaixão e dó. O outro detento deitou no chão frio, fecho os olhos e se entristeceu. Meu filho sentou no outro canto e começou a chorar. Sem qualquer motivo os dois detentos se sentiram arrependidos, deprimidos pelos problemas que causaram e pensativos sobre como a vida podia ser muito diferente.

O ambiente me esgotava, comecei a me sentir muito esgotado e sem forças para me deslocar. Em vez de me puxar pelo braço, me abraçou e, sem que eu entendesse, surgimos no nosso meio espiritual.

— E meu filho mais velho? — perguntei sentindo muita saudade e achando que Ibraim tinha esquecido.

— Olhe na tenda! — apontou Ibraim.

Vi meu filho sentado me olhando expressando emoção. Confesso que senti a mesma emoção, mas um pouco de revolta por saber que ele estava morto.

Soube que ele cuidou bem da tribo, prosperaram como era a tradição de busca de melhorias, mas algum tempo depois adoeceu e morreu de uma febre e dores fortes na garganta.

Teve quatro filhos, o primeiro morreu antes dos dois anos e, as três meninas estavam adultas e casadas. Duas fugiram da tribo para se casar com soldados húngaros e, a outra manteve a tradição cigana.

Não tive notícias de Mira, minha esposa que passou momentos bons e ruins ao meu lado. Precisava saber dela, mas nada pude saber no momento.

— Ibraim, por que meu filho do meio tinha tanta raiva de mim e da tribo? — indaguei antes que ele me puxasse pelo braço.

Não adiantou e, antes da resposta, pegou pelo meu braço e fomos pela estrada. Surgimos dentro da cela do meu filho do meio.

Estava bem mais velho, de cabelos grisalhos e, gordo igual a mim. No intervalo entre as minhas visitas ele foi solto, porém matou uma mulher companheira de golpes que vivia com ele.

Não senti nada desta vez. Eu estava neutro, sem manifestar sentimentos que poderiam influenciar o ambiente.

Ibraim tocou o ombro do meu filho, e com a outra mão pegou na minha cabeça. Apaguei como se fosse num sono profundo.

Acordei em tempos muito antigos, numa terra estranha. Eu era um gadjô, muito folgado e abusado. Numa tarde fria aproveitei que o meu irmão não estava em casa, invadir o ambiente e estuprei a sua esposa. Fugi com um grupo de andarilhos.

Em outra oportunidade, ainda gadjô, roubei tudo da família, vendi e culpei o meu irmão que foi castigado e nunca se recuperou psicologicamente. Fugi com um grupo cigano que me deu guarita em troca de algum dinheiro.

Renasci dentro de uma tribo cigana e numa briga pela disputa por uma mulher, matei o meu rival a pauladas, depois matei a mulher e fugi.

Vi a minha vítima buscando forças num plano espiritual movido pelos sentimentos análogos à vingança, à destruição e o ódio. Durante três oportunidades de realinhamento cármico, falhei miseravelmente e, isso causou tanto ódio que por mais duas reencarnações ele me persegui espiritualmente até que fomos chamados e combinamos que eu daria uma chance para ele se vingar. Eu teria que sentir tudo que ele sentiu, inclusive a dor de ser traído por alguém que eu amasse. Um filho!

Descobri que foi tudo combinado, ele só fez comigo e com os outros justamente o que permitimos que ele fizesse. Houve um plano.

Saí do presídio me sentindo um traste, o pior dos espíritos. Sem qualquer noção de como eu poderia me desculpar ou pagar tudo de ruim que provoquei.

— Não se preocupe Pablo. Amanhã cedo ele será executado pelo crime de assassinato. — revelou Ibraim na tentativa de me consolar. — Terá a chance de se acertar com ele.

Voltei às minhas atividades sem nem pensar na minha família ou no meu passado. Era uma forma de não esgotar minhas energias, ganhar conhecimento e evolução.

— Venha! — fui puxado pelo braço por Ibrahim. Agora sem ao menos levar um susto. Estava acostumando ao azul de suas vestes e a sua mão khali.

Cheguei ao pátio do presídio direto, com guardiões espirituais cercando o espaço para evento. Espíritos de luz atentos ao desrespeito ao "não matarás" e, mais atento ainda ao réu, condenado à morte por assassinato.

Testemunhas e curiosos convidados se acotovelavam no lato oposto da forca. Juízes em outra lateral. Sim, um deles era o meu filho, mas não senti qualquer outro sentimento capaz de causar perturbação ao evento. Mesmo por que os guardiões de energia densa e agressiva coibiam qualquer tipo de interferência.

Os enforcamentos seguiam um a um, com espíritos recolhidos imediatamente após o desencarne. Eram encaminhados aos locais de decantação de sentimentos e emoções em áreas específicas de cemitérios.

Vi meu filho tranquilo em seus gestos e comportamentos, mas isso eu entendi que era a frieza de um psicopata. Enquanto eu via que alguns enforcados ejaculavam e urinavam ao terem seus pescoços quebrados, espíritos tentavam roubar os componentes etéreos do sêmen que pingava ao chão. Fui me aproximando da forca. Sabia que eram espíritos enviados por magos negros que precisavam destes elementos para suas magias. Essa visão trouxe lembranças de mitos relacionados às bruxas que colhiam as mandrágoras nascidas sob as forcas para suas magias.

Enquanto os guardiões defendiam o espaço capitirando esses espíritos ladrões, abracei o espírito do meu filho enquanto seu corpo balançou com o pescoço quebrado.

Levei-o dormindo ao local específico do cemitério, deitei o espírito que outrora foi o meu filho e, me afastei sem qualquer cerimônia ou sentimento. O tempo de aprendizado e evolução espiritual oriunda do conhecimento provou ser muito útil.

Um resgate

Fui evoluindo e me aproximando das tendas ciganas mais ao centro e, com isso recebendo mais responsabilidades, pequenas missões junto de ciganos que não sabiam que estavam mortos, ajudando na captura de e amparo espiritual de pessoas vítimas de magia cigana que enviavam espíritos mercenários pertencentes à egrégora Romá.

— Parabéns Pablo! — elogio em que pela primeira vez eu via a boca e os dentes muito brancos de Ibraim. — Você se comportou muito bem ao amparar o desencarne de seu filho. Foi aprovado com louvor diante de uma missão considerada muito difícil.

— Só fiz o que eu aprendi fazer. — comentei.

— Sim, e aprendeu de uma forma brilhante. Muitos espíritos se deixam levar pela emoção, baixos sentimentos e até tentam salvar o parente no momento de desencarne. Com isso interferem na linha do destino, causando problemas muito maiores do que só o desencarne. — explicou Ibraim.

Chegou o momento em que eu fosse fazer um resgate sozinho. Procurar por espaços espirituais formados por egrégoras de espíritos revoltosos, com a energia do ódio pronta para destruir aquilo que ela possa tocar. Confesso que por um tempo muito curto relutei a ideia de ir sozinho. Mas Ibraim já tinha sumido.

Recebi as orientações do local, de quem eu

deveria resgatar e, imediatamente saí pela estrada. A cada passo o ambiente ia se transformando. Tudo ia se tornando opaco, tênue à visão espiritual, denso, pesado, com sentimento de dor, ódio, raiva e, medo. Sabia que eu não podia me deixar envolver com qualquer aspecto que não me pertencesse.

No emaranhado de espíritos sofredores, descaracterizados em suas formas originais, assustados e, ao mesmo tempo arrogantes e agressivos, capazes de qualquer ato de covardias, encontrei o espírito do meu filho.

Ele me reconheceu, por um momento expressou sentimentos de espanto, depois de ódio e, após tais sentimentos serem consumidos pelo ambiente, ele pediu ajuda.

Eu o limpei de ovoides, outros espíritos vampiros, miasmas astrais e feridas. Quando eu o abracei ele agradeceu. Pediu desculpas e dormiu. Peguei-o no colo e comecei a andar de volta à egrégora espiritual dos ciganos.

Deixei-o numa tenda e espíritos que o conheciam e voltei para o meu lugar. Sabia que ele dormiria lá por um bom tempo, depois seria educado rumo a evolução e, dependendo das necessidade, seria oferecido a oportunidade de viver outras experiências como encarnado, sendo cigano ou não.

Senti certo orgulho do que eu tinha feito como espírito amparador, ainda mais com alguém que tinha me causado tantas perdas, ter me feito chorar e quase desistir da vida. Por outro lado eu percebi que tinha o dever moral de tê-lo amparado pela minha dívida para com ele, já que eu fui o seu algoz por várias encarnações.

Não fui mais convocado para qualquer resgate, ou missão de amparo. A mim foi permitido somente os estudos sobre magia cigana, comunicação entre encarnados e desencarnados, mediunidade e importância das culturas na evolução espiritual da Terra.

Trabalhos espirituais

Aos poucos foram me desligando dos ensinamentos para a evolução espiritual, então fui autorizado a vagar por entre os humanos e atuar segundo os meus valores, verdades e habilidades. É a mesma etapa que os ciganos mais velhos delegam aos aprendizes mais novos quando passam por várias etapas do aprendizado de algum tipo de trabalho. A partir de um ponto determinado os aprendizes se tornam independentes e deixam de ser tutelados pelos mais velhos. O mesmo aconteceu comigo. Era um espírito liberado para vagar com algum grau de independência.

Quando iniciei a caminhada surgi num mundo bem diferente do que era quando deixei. Pareceu ter passado muito tempo.

Senti um chamado muito forte em francês. Segui a minha estrada até o ponto de chamado. Era uma mulher cheia de elementos fetiches de ciganos, chamando por ajuda da egrégora cigana para que manipulasse um grupo de energias na forma de alimentos. Queria que eu buscasse um homem desejado por outra mulher que contratou os serviços. Não vi nenhum problema. Recolhi toda aquela energia, busquei o endereço energético do homem e fui atrás dele. Foi fácil influenciá-lo a pensar na mulher contratante. Durante vinte e um dia eu o influenciei por vinte e quatro horas seguidas. Ele não conseguia fazer qualquer coisa sem pensar nela. Confundiu seus sentimentos e se imaginou apaixonado. Foi atrás dela!

Ele passou a morar junto com a mulher que pagou para tê-lo, porém descobri que ele tinha uma família, com filhos e responsabilidades. Descobri isso da forma mais terrível possível. A esposa abandonada cometeu o suicídio.

Fui convocado centenas de vezes para esse tipo de trabalho e, em vários lugares do mundo. Busquei homens, mulheres, separei casais, juntei outros que estavam brigados.

As observações dos resultados me levaram a ser mais criterioso sobre quem eu amarrava ou não. Passei a aceitar os pagamentos somente quando os alvos eram solteiros, divorciados ou viúvos.

Mesmo com resultados melhores e que me feriam menos o meu mental, sem possibilidades de arrependimentos, passei a aceitar poucos trabalhos de amarrações.

Encostava atrás de energias de trabalhos em busca de dinheiros, de emprego ou de justiça. Toda vez que a egrégora cigana era invocada eu me fazia presente. Gostei de atura assim. Os erros eram bem menores, a satisfação bem maior do que manipular desejos de pessoas.

Alguns magistas me enxergavam e se recusavam acreditar que eu era um cigano. Um velho, gordo, com vestes húngaras e, pitando um cachimbo, não condizia com o imaginário do cigano que eles acreditavam. Esperavam um homem bonito, sensual, forte e capaz de qualquer coisa. Nessas situações eu simplesmente me virava e ia embora.

Vi muitos casos em que espíritos bagunceiros se disfarçavam de ciganos como os magistas imaginavam. Estes eram capazes de manipular energias e enganar. Não preocupava com isso. Cuidava somente da minha vida.

Fiz muita justiça e, sem entender o problema apresentado pelo magista, fiz muita injustiça também. Mas isso também não me comovia. Apenas ia lá obedecendo ao pedido e convencido pela história do contratante.

Aprendi a buscar informações dos endereços energéticos das questões mentalizadas. A relação causa e efeitos de tudo que estava envolvido me tornava mais assertivo nas repostas. Rapidamente eu ia até o local da assinatura energética, observava tudo e voltava com as informações aos praticantes das mancias da moda.

Eu era livre para aceitar o trabalho que quisesse, mas num levantamento geral eu não era tão livre assim. Houve situações em que fui impedido por guardiões que protegiam os meus alvos. Os maiores fracassos ocorriam quando os alvos estavam em estado de oração, ou assediados por espíritos de luz.

A cada trabalho aceito, mais e mais espíritos me procuravam para ataques, outros para tentar me impedir e, atém mesmo me neutralizar. Ser neutralizado, hostilizado e escorraçado passou a ser rotina.

Percebi que não valia mais a pena ficar nessa condição de espírito escravo de ego de magistas.

Ciente de que eu era um espírito, não necessitava nada do mundo dos encarnados, decidi me afastar.

Fiquei vagando por terras conhecidas, acompanhado alguns viajantes, encostado em grupos ciganos e, seguindo rotas desconhecidas. Tentando me afastar de algo que eu não sabia o que era.

Meu mundo espiritual

Buscando ficar o mais isolado possível, fui tornando arredio aos outros espíritos, a ignorar chamados dos encarnados e, até mesmo ficar indiferente aos ciganos que eu encontrava.

Preso espiritualmente na terra dos vivos eu percebi que havia sempre algum canto com menos luz que eu poderia ficar ali sem interagir.

Nesses cantos escuros da alma pude refletir sobre tudo que vi dos espíritos encarnados. A maioria utilizavam símbolos e amuletos que não tinham qualquer função para com os espíritos. Outros elementos de fetiche indicados por espíritos não tinha valor ou função para com outros espíritos ou situações.

Pude perceber que os espíritos encarnados moviam somente pelo ego e, desejos torpes. Achavam-se superiores, com poderes sobre aquilo que desconheciam. Sem contar os que inventavam um mundo espiritual que os atendiam somente.

Essas coisas me causavam muito desprezo para com os encarnados, uma vontade de deixar este mundo. De tanto pensar em tudo isso sempre concluía com a mesma pergunta: "para onde eu deveria ir?".

Simplesmente eu não sabia o que fazer ou, aonde ir, para onde fugir de tudo isso. Eu era um vazio. Vazio na minha essência.

O chamado

Não sei quanto tempo passei escondido nesse canto sem luz. Um espaço num beco em que a cada aumento no meu desânimo ia ficando escuro. A cada pensamento sem verdade, inteligência ou interação com qualquer outro espírito, a escuridão se aprofundava e eu me sentia mais invisível.

Surgiu uma cigana velha, roliça, com vestes bem coloridas, sorriso fácil e, acompanhada de dois outros ciganos. Eram ciganos batedores. Especialistas em encontrar coisas, pessoas e informações.

A presença deles quebrou a escuridão profunda ao meu redor. Forcei o meu estado mental aos baixos sentimentos e à apatia. Mas nada disso funcionou, até que ficou tudo claro e, me incomodando profundamente.

Ela fumava e soltava fumaças ao meu redor e a escuridão foi se dissipando e, eu a cada vez mais incomodado.

— Foi difícil, mas achamos! — falou um dos batedores.

— Essa escuridão foi o que nos impedia de chegarmos até ele Esmeralda. — explicou o outro batedor.

— Era só uma questão de tempo, por isso que eu confio em vocês. Bom trabalho! — disse Esmeralda segurando o cachimbo numa mão.

— Não quero saber de vocês ou de nada, vão embora! — gritei.

— Sim vamos embora, mas não por que você quer, mas por que uma hora teremos que voltar aos nossos afazeres. — disse a cigana velha entre gargalhadas.

Os dois batedores se despediram e saíram, deixando a velha sozinha a tentar me abordar. Não gostava da presença dela ali na minha frente. Algo nela me incomodava muito e não me deixava ter qualquer outra reação. Eu sabia que era um espírito, vivendo num mundo espiritual dentro do orbe terrestre dos espíritos encarnados. Nada que eu fizesse poderia tirá-la da minha frente ou prejudicá-la.

Com o tempo eu não me incomodava mais com a presença dela, nem mesmo com a luz gerada pelas conversas, a atenção de ela dava aos necessitados que passavam pelo beco ou, espíritos que apareciam para se aconselhar.

Em nenhum momento arredo de perto de mim e, aos pouco comecei sentir vontade de conversar com ela. Perdi minha aversão à presenças de outros espíritos perto de mim.

— Melhor agora Pablo? — perguntou-me com um sorriso interrompido pelo cachimbo cigano preso entre os dentes de ouro.

— Não sei, imagino que sim! Não consegui tem consciência do que eu sou ou o que eu estou fazendo aqui. Não me lembro de onde eu vim ou por que da minha existência. — respondi.

Esmeralda muito simpática, sempre sorrindo e brincando com tudo, convidou Pablo para caminhar pela cidade. Ela explicou que era Paris cem anos depois que ele chegou. Mostrou que não havia tantas cartomantes de quando ele ia de casa em casa buscar por energias. O povo passou a sem menos dependente da espiritualidade de atendimento dos egos como antes.

— Aqui em Paris nasceu muitas teorias espirituais, em especial a codificação do mundo dos espíritos. — me contou apontando um túmulo de um homem chamado Allan Kardec. — Este homem desencadeou uma espécie de codificação da doutrina dos espíritos. Mas isso foi só um começo e, uma pedra fundamental para várias outras doutrinas que surgiram. — completou me mostrando vários lugares com práticas espirituais diversas.

— Por que está me explicando isso Esmeralda? — indaguei interessando.

— Para que você tenha consciência sobre o que eu quero de você e para que tenha uma base de conhecimentos para o que eu vou te explicar. — respondeu Esmeralda com um sorriso muito simpático.

— Então pode começar. — afirmei retribuindo o sorriso ainda que escondido na minha barba.

Ele me mostrou que esse período em que andei solto entre os espíritos terrestre foi de testes e aprendizado. Mostrou que o tempo todo eu estive acompanhado e amparado por outros espíritos mais evoluídos que não interferiram em nada a não ser que alguma ação que eu adotasse fosse causar estragos irreparáveis aos envolvidos.

Por causa da necessidade de aprendizado pela experiência é que muitas lembranças foram bloqueadas. Eu não podia me lembrar do outro plano espiritual, nem das egrégoras ciganas ou de outros grupos, nada do que Ibraim tinha me ensinado. Nada!

Fui solto como um espírito ciente de algumas técnicas de influência e de capacidade de alguma manipulação energética e que, com essas ferramentas eu pudesse ter sentimentos e sensações e, ao mesmo tempo ajudar na evolução de espiritualistas que adotaram a magia cigana como fundamento.

Por este motivo eu era atraído às práticas mágicas, tinha aquilo que podia utilizar e, liberdade para aceitar ou não o trabalho.

Segundo as explicações de Esmeralda eu falhei miseravelmente como aprendiz. Mas isso por que eu não segui nenhuma doutrina e, essa ausência moral contida nas doutrinas me privou de um conceito básico: a Ética.

Sem ética eu aceitava qualquer trabalho, os concluía sem qualquer julgamento e, só com o tempo é que as cargas energéticas associadas aos resultados que eu ajudava a promover me afastaram disso tudo. Desenvolvi uma espécie de asco aos trabalhos espirituais e, em consequência aos espíritos também.

— Não podia aceitar os trabalhos espirituais? — perguntei tentando adiantar as lições que pareciam ser entediantes.

— De certa forma não! Não sem um critério! — respondeu Esmeralda de forma enfática.

— Qual critério então? — perguntei de forma mais enfática ainda, já tentando questionar se fui errado ou não.

— Você não respeitou o Livre Arbítrio. — respondeu gargalhando.

Confesso que as gargalhadas com a reposta me causou certo desconforto. Eu não sabia nada sobre este conceito, como poderia ter errado?

Então ela pediu que eu me sentasse ao lado de um grupo de mendigos no chão, sentou do outro lado deste grupo e pediu para que eu prestasse atenção.

Os mendigos estendiam suas para os pedestres que passavam por eles. Alguns davam algumas moedas, outros ignoravam e, até ouvimos os que pediram desculpas por não terem nada nos bolsos. E aqueles que deram essa desculpa, mas que tinha dinheiro com eles.

— Observe Pablo! — ela chamou a minha atenção se levantando e acompanhado um pedestre que se aproximava. Forçou-o a tirar tudo que tinha no bolso e doar aos mendigos, com o sentimento de que ele estaria salvo do inferno, e que assim se sentiria bem melhor como pessoa. — Me acompanhe agora! — ordenando para que eu a seguisse junto do homem.

Ao chegar em casa o homem se deu conta de que o dinheiro era para pagar o aluguel e comprar comida para a família, pois tinha dois filhos. A esposa brigou com ele por não entender o gesto absurdo e irresponsável que ele fez. Não acreditou no homem, imaginando ele ter outra família, uma amante ou ter gasto com drogas ou bebidas.

— Entendeu que a minha interferência causou um problema maior ainda do que a fome dos mendigos. Essa família poderá se desagregar quanto à missão de todos juntos sob o mesmo teto. — agora vi que ela não tinha o sorriso tão característico. O semblante era de preocupação.

— Entendi. — respondendo na tentativa de me eximir da culpa deste problema.

Rapidamente ela me puxou até os mendigos que ainda estava no mesmo lugar. Ainda mendigando, mas com algumas garrafas de bebidas e um pouco de comida ao lado.

— Veja bem Pablo. O fato de terem recebido uma grande quantia em dinheiro não mudou a vida deles em nada. O dinheiro vai acabar e eles continuarão ali. Um ou outro pode ser que aproveite a oportunidade e deseje mudar de vida. Mas a minha ação causou mais problemas do que soluções. — explicou apontando para o grupo de mendigos.

Logo em seguida vi o homem doador acompanhado de sua esposa com uma cara muito brava. Eles vieram na direção dos mendigos.

— Boa tarde. Mais cedo eu cometi um erro e acabei por doar todo o meu salário para vocês. Será que podiam me devolver parte desse dinheiro por que a minha família poderá ser despejada e passar fome? — abordou o homem com um tom de voz triste, arrependido e, com medo do que receberia como resposta.

— Boa tarde senhor! Fui eu que recebi a sua doação. Logo vi que era muito dinheiro e escondi dos outros para não ser roubado por outros mendigos. Isso já aconteceu e eu sei o que é passar fome, perder a moradia e ser abandonado pela família por ser considerado um fracasso. — falou o mendigo no mesmo momento em que tirava o dinheiro de dentro de suas roupas sujas.

A mulher suspirou aliviada, não só pelo dinheiro, mas por saber que o marido não tinha outra mulher. Os dois agradeceram, deram algumas notas e pediram desculpas por não poderem dar mais dinheiro senão ia faltar.

Vi o casal se afastar dali e a esposa abraçar aquele homem e andar com a cabeça bem grudada no braço dele.

— Você influenciou a devolução do dinheiro? — perguntei tentando entender mais sobre o que acabei de presenciar.

— Não, de forma alguma. Se é uma lição sobre Livre Arbítrio e não seria eu a quebrá-lo mais de uma vez no mesmo dia. — respondeu rindo muito.

Eis que chega os ciganos batedores. Explicam que já está tudo arranjado e que encontraram o que ela havia pedido.

Dois homens viram a esquina e começam a discutir em frente do grupo de mendigos. Eram dois irmão desesperados em busca de um padeiro que soubesse fazer o tipo de pão que eram vendidos na padaria da família.

— Homem! Homem! Homem! Trabalhei a minha vida inteira como padeiro e sei fazer esse tipo de pão tradicional. Se me arrumaram um lugar para dormir, umas roupas limpas e um lugar para que eu possa me lavar. Começo a trabalhar agora. — disse o mendigo em voz alta para interromper a discussão dos dois homens.

Os homens olharam para aquele ser sujo e maltrapilho e, deram-lhe alguma atenção.

— Minha família teve padarias e restaurantes aqui em Paris e que foram destruídos pela guerra. Meu pai e eu trabalhamos em duas padarias muito famosas, inclusive uma delas que fica a três quarteirões daqui. Podem ir lá e perguntar se eu fui um bom padeiro. — insistiu o mendigo. — Estou nas ruas por desilusão amorosa. Acho que já estou curado e disposto a me recuperar. — complementou usando de toda a sinceridade possível.

Por uns dez minutos ficaram conversando e acabaram por saírem os três juntos na direção de onde vieram os dois homens.

— O que eu devo aprender com tudo isso Esmeralda? — perguntei sem entender nada do que acabei de testemunhar.

Segundo Esmeralda a família dos dois irmãos estava por perder tudo se não reabrissem a única fonte de renda de todos. Da padaria saia dinheiro para alimentar, educar e cuidar de todos. Por um golpe de um estelionatário o responsável perdeu dinheiro e estavam mergulhados em dívidas prestes a serem executadas se não tivessem como honrá-las.

As orações de uma das mulheres atraíram a egrégora cigana e, através deles surgiram intuições sobre as possíveis soluções. Como eles decidiram por manter o negócio de família por que era a solução mais viável, os irmãos foram trazidos para um padeiro que se sujeitaria trabalhar com pouco ganho até que pudessem pagar um preço justo.

O padeiro em mendicância concluiu seus processos cármicos, é honesto e merecia uma chance de se recompor na vida. Ela percebendo o momento certo na própria energia do mendigo honesto, pediu para que os ciganos batedores procurassem uma oportunidade mais adequada.

A espiritualidade trabalhou para os dois lados, em função do Bem Maior e, sem interferir nas decisões de cada um. Respeitamos o Livre Arbítrio.

— Vamos voltar para você, Pablo! — falou virando-se para mim voltando o sorriso característico dela.

Fez-me entender que não existe qualquer tipo de amarração benéfica para ninguém. Há espíritos que não percebem o quanto de carma é acumula ao aceitarem esse tipo de missão. Amarrar significa eliminar o Livre Arbítrio de uma das partes, conectando dois espíritos que podem ou não ter uma vida em conjunto. O espírito que pede pela amarração acaba por jogar fora um leque de opções, inclusive a do amor verdadeiro. Quem está amarrado pode até acreditar que ama, mas na verdade tem um sentimento implantado e acaba por mudar seu foco de amor.

Há espíritos que soa bons em promover amarrações, a fazer feitiços diversos, mas o que ocorre é que não sentem os carmas acumulados. Muitos deles usam e abusam de teorias, desculpas e mentiras para se alimentar.

Explicou que eu fui acumulando essas energias das amarrações que fiz e dos trabalhos financeiros. Por não saber me livra dessas energias elas forma "pesando" no meu estado de consciência. Foi um processo lento e imperceptível e que causou certa estagnação na minha evolução. É como se eu entrasse numa depressão espiritual, preso em sentimentos e sensações que eu não conhecia. Um Umbral pessoal próprio como resultado de achar que podia fazer o que eu quisesse e da forma que achasse melhor.

— Venha conhecer alguns espiritualistas envolvendo com magia. — convidou-me Esmeralda para bater perna pela Cidade Luz.

Chegamos à porta de uma mulher que dava atendimentos espirituais como forma de sobrevivência. Ela tinha ajuda cigana, de espíritos que eu desconhecia e que tinham grande energia e vigor, uns bravos, outros de muita luz. Mas tudo que ela falava ou orientava passava pelo crivo pessoal. Em resumo, ela fazia o que ela achava que era certo segundo as verdades dela.

Esmeralda me mostrou como ela acumulada energias muito destruidoras, que lhe causava um depósito de dívidas espirituais a serem pagas em algum momento.

Saímos de lá com a permissão dos guias espirituais da mulher e rumamos para um homem que também ganhava a vida com trabalhos espirituais. As energias agregadas a ele já estavam se manifestando no corpo físico, comendo-lhe a carne. No caos dele havia uma egrégora de espíritos protetores. Mas eles respeitavam o Livre Arbítrio. Podiam até interferir, mas não era o caso.

Observamos outros dois grupos de espiritualistas em suas práticas. Um deles na prática da magia pagã e havia um conjunto de regras e uma doutrina que limitava a liberdade da prática magia em função dos seus desejos.

Vi práticas de descarregos dessas energias densas e nocivas aos praticantes. Em consequência de tais práticas, os espíritos consortes também se beneficiavam, tinham menos trabalho e, evoluíam bem mais do que os observados anteriormente.

Em outro grupo não havia qualquer prática mágica ou de interferência deliberada ao Livre Arbítrio alheio. Aceitavam seus destinos, pediam auxílios espirituais para a prática da caridade e, ensinamentos de suas doutrinas.

Estas lições foram muito úteis para mim. No final de todo o processo percebi que mais informações anteriores ficaram acessíveis à minha consciência. Pude lembrar que eu fui, da minha história quanto espírito encarnado.

— Gostaria de saber se gostaria de evoluir reencarnado como um gadjô? — perguntou Esmeralda.

— Eu sou um cigano, amos ser cigano, serei sempre um cigano. Não tem sentido abandonar meu estilo de vida ou minhas crenças. — respondi até que irritado.

— Você precisa experimentar sentimentos de forma alheia aos experimentados como cigano. Terá a oportunidade de experimentar algumas encarnações como homem comum. — Esmeralda completou sem demonstrar qualquer atenção à minha irritação.

— Não! Se não for como um cigano, não! — fui enfático.

Esmeralda se despediu e saiu para seus afazeres espirituais. Fiquei sozinho pelas ruas de Paris, tentando entender o que mudou na França. Quando encarnado era um país muito diferente, em transformação social e política. As vestes eram diferentes, as mulheres tinham papéis mais subalternas e estavam sendo reconhecidas como iguais aos homens e, muito reconhecidas se fossem comparadas ás mulheres de outros países vizinhos e, principalmente às ciganas.

As de hoje em dia são tão independentes e mais livres do que as de quando cheguei para vagar livremente por aqui. Elas se vestem como os homens, atuam de igual para igual no trabalho e, gerenciam a suas vidas sozinhas quando assim o querem.

Tudo isso me causava certa confusão quando focado na energia cigana onde os homens eram os donos das mulheres.

O interessante é que para com as ciganas no mundo espiritual eram tão independentes quando as mulheres francesas atuais. Eram chefes de clãs espirituais, davam ordens, andavam sozinhas. Eu mesmo as obedecia sem qualquer noção dos motivos e forças envolvidas.

Passei muito tempo pensando sobre essas diferenças e o que eu deveria respeitar ou não. Meu estado de consciência estava em plena confusão.

Treino para egrégora espiritual cigana

Interagindo com vários outros ciganos espirituais eu voltei a ajudar pessoas alinhadas com a egrégora cigana. Ajudei cartomantes, magistas e, pessoas que pediam ajudas aos ciganos.

Meu novo estado de consciência me permitia deslocar por terras mais distantes. Sempre alinhado com ciganos. Em várias situações eu não entendia nada o que falavam e os médiuns envolvidos não entendiam nada o que eu falava.

Perambulando por terras húngaras, admirando as mudanças que para mim eram gritantes, onde mulheres andavam sozinhas, trabalhavam e se casavam com que elas queriam. Eu estava aprendendo muito sobre este mundo moderno, com carroças sem cavalos, velas que não precisavam de fogo, mas iluminavam. As carroças seguiam sempre pelo mesmo caminho, sob as linhas fixas de ferro presas ao chão. Eu adorava caminha nessas direções.

Esmeralda surgiu na minha frente e, imediatamente eu parei tudo que estava fazendo e fui recebê-la. Vinha com outra proposta, que me permitia continuar como um cigano. Mas para isso eu passaria por um treino.

A missão era ser um guia espiritual de um descendente meu. Ela explicou que meus bisnetos nascidos em La Bresse foram obrigados buscar a sobrevivência em outro país. A região mergulhou numa grande crise e foram empurrados para Itália e, de lá irem para o Brasil onde souberam que havia mais oportunidades.

Depois de algumas gerações no Brasil meu descendente nasceu como gadjô, porém teria grande consciência de todos os ramos ascendentes e teria orgulho de todos os ramos, incluindo a ascendência Romá.

Era a oportunidade que eu precisava para experimentar sentimentos como um não cigano, compartilhando os sofrimentos dele, ajudando-o e, resgatando meus erros através da caridade.

Para isso eu teria que passar por um treinamento, pois onde eu atuaria teria uma série de limitações, uma doutrina fundamentada na ética e na moral espiritual, com foco na caridade pura.

Aceitei participar deste treinamento e, automaticamente vi que outros caminhos se abriram. Andando por eles pude chegar em grupos de religiosidade africana, doutrina cristã, magia indígena e europeia.

O foco comum era o conceito de caridade e respeito ao Livre Arbítrio, sob a Lei Maior que nos impelia amar a todos como amamos a nós mesmo.

Conheci espíritos de categorias diversas, nacionalidades bem características, oriundos de novas raças humanas, com hábitos que seriam rechaçados se eu os encontrasse em vida. Aprendi a tolerância e respeito à diversidade.

A Umbanda

Quando pronto para atuar na nova religião, Esmeralda ressurgiu na minha frente e me informou que eu estaria sob o comando dela. Eu atuaria neste médium por merecimento dele, pela oportunidade de aprender que poderia haver magia cigana fora das tribos ciganas e que, poderia ser utilizada como fonte de caridade em nome de um Bem Maior.

Quanto Guia Espiritual cigano eu teria muitos limites e, não trabalharia sozinho. Sob o comando de Esmeralda tinha vários outros ciganos: Ibraim, velho conhecido e espírito de cura; Carmencita, uma cigana especializada em assunto de amor; os Ciganos Batedores responsáveis por buscar desde informações até situações ou coisas; duas Ciganinhas e seus pandeiros.

Como cigano de trabalho eu trabalharia incorporado e, assim teria as sensações e reações de um não cigano, mesmo que limitadas ao espaço e situações. Eu absorveria muitas informações do meu médium.

Faltava muito tempo para que a Umbanda tivesse uma configuração adequada para que trabalhássemos de forma livre. Pude ver os ciganos iniciando suas manifestações nas Giras de Exus. Éramos vistos como espíritos de esquerda, capazes de fazer o mal por dinheiro ou por um simples pedido.

Tais limites eram diretamente associados aos preconceitos dos umbandistas da época. Levou muitos anos para que fôssemos reconhecidos e, um dirigente espiritual ou outro é que permitiu termos uma gira dedicadas somente a nós. O importante é que foram os Exus que abriram os caminhos para nós.

Infelizmente nos abordavam nos terreiros somente para duas coisas: dinheiro e amor. Os ciganos tinham todo um conjunto de habilidades e experiências oriundas de suas vidas complicadas e difíceis, e que, qualquer um ciente disso poderia ter mais ajuda de um cigano do que qualquer outra entidade.

Fui convocado a fazer parte de uma egrégora específica dentro da egrégora cigana. Era as egrégoras dos Ciganos Pablos.

Apesar dos nomes iguais, a maioria absoluta não se chama Pablo de verdade e, no meu caso, só uma coincidência. Coincidência essa que para mim foi um golpe de sorte.

Na egrégora dos Pablos eu fui treinado nas habilidades comuns a todos. Melhorei minhas técnicas de magia, de cartomancia, limites de atuação e, da missão dos Pablos. Aprendi que esta organização também vale para fora da Umbanda. Tais limitações tem a função de facilitar as relações entre os espiritualistas e os tipos de trabalho que podemos fazer.

Acompanhamos grande parte da evolução da Umbanda, que foi ganhando foco na ética, na caridade e na prestação de ajuda ao coletivo e, à evolução dos espíritos. É uma religião que não segue uma doutrina específica e unificada determinada num documento só. A doutrina vem da prática da Lei Maior que permite uma maior adaptação às regiões, culturas e padrões econômicos.

Dentro da Umbanda eu ganhei o maior dos ensinamentos da cultura cigana. Pude conhecer ciganos das mais diversas origens, etnias, raças e religiões. Sim, estou repetindo este tópico para encerrar este capítulo com um conceito umbandista mais importante de todos: não ter preconceitos.

Conheci ciganos chineses que migravam com camelos, ciganos europeus com uma cultura totalmente diferente da minha, pois eram católicos fervorosos e, ricos. Pude conversar com ciganos judeus, pois a prática religiosa não conseguiu interferir na cultura cigana. Ciganos islâmicos, habitantes dos desertos e responsáveis pelas rotas comerciais do sal e especiarias.

Os ciganos mais especiais que pude conhecer e acompanhar os trabalhos foram de alguns Mestres da Jurema. Ciganos que chegaram junto com as primeiras levas de colonizadores, que após algumas gerações viajando pelo norte e nordeste brasileiro, passaram a frequentar os Catimbós de Jurema, depois a praticar, resultando em alguns Mestres e Mestras muito respeitados e amados nos terreiros de Jurema. São ciganos Mestres que praticam uma magia pesada que, em nada lembra a magia cigana da imaginário coletivo.

Pude visitar em espírito alguns terreiros de

Umbanda e Candomblé em que os dirigentes eram ciganos que já não tinham a vida nômade, mas não perdiam as suas tradições do povo Romá.

Perder preconceitos foi a maior lição para melhoria do meu grau de consciência de um espírito em evolução.

Guia espiritual cigano

Nosso grupo cigano foi apresentado aos outros guias e ao nosso médium antes dele reencarnar. Combinamos tudo sob a organização do Caboclo, que seria o guia chefe nesta missão.

Conheci espíritos densos e agressivos como os que eu pude encontrar nas portas de presídios, em rituais, estradas e cemitérios. Na Umbanda são chamados de Exus e Pombagiras por associação cultural. Vi ciganos nesta faixa energética da esquerda e, Exus que praticavam a magia cigana.

Sob o comando do Caboclo Sete Montanhas nós nos organizamos, determinamos quando cada guia espiritual iria se manifestar e, principalmente os limites das ajudas que poderiam ser dadas, manifestações antes e depois dele se iniciar na Umbanda.

Na egrégora espiritual do "nosso menino" tem o Exu Corcunda, um inquisidor caçador de ciganos e nós, os ciganos as vítimas de todas essas maldades. Há os que viveram como bandidos e saqueadores na linha de Baianos e da Jurema. Apesar da preparação espiritual eu encontrei dificuldades de entrosamento com estes ex-cangaceiros. Mestre Jararaca vibrava numa faixa energética que o apresentava como um espírito bravo, quase que incontrolável. Mas com ele aprendi que há ciganos juremeiros, que praticavam o Catimbó de Jurema com todos os seus ritos, numa bruxaria pesada, sob outro código de ética e moral.

O nosso "médium" reencarnou e com isso a nossa vida não foi fácil. Os Exus e os Caboclos cuidando de toda a sobrevivência e orientação para a manutenção do caminho determinado às experiências.

Houve épocas em que a egrégora cigana era convocada para trazer boa sorte e dinheiro para que ele pudesse dar continuidade nos estudos, ter tranquilidade e tempo para se dedicar única e exclusivamente aos estudos.

Era meu descendente e, com a devida autorização do guia chefe, o Caboclo Sete Montanhas, eu providenciei vários presentes. Alguns eles só soube que era um presente meu quando comecei a dar atendimentos espirituais na umbanda.

Trinta anos antes eu dei de presente um dos maiores símbolos dos ciganos: a roda de carroça. Fiz com que os pais deles decidissem passear numa região do interior de Minas Gerais e, numa casa em que foram convidados a visitar aleatoriamente, encontraram a roda que uns ciganos tinham deixado por lá a mais de sessenta anos, ou seja, no momento da publicação deste livro ela deve ter aproximadamente cem anos.

A técnica de construção dessas rodas chegou ao Brasil junto com os ciganos, inclusive a forma com que eram colocados os aros de metal para proteger a madeira resistente e forte.

Quando esse presente chegou na cada da família do "meu menino" as coisas passaram a mudar, tanto espiritualmente e financeiramente. Era um instrumento fetiche energizado por nós como um "amuleto" de proteção do lar.

Eu pedi para que o "meu menino" incluísse uma imagem do nosso símbolo cigano. Ela continua energizada funciona como um uma assinatura por onde canalizamos as energias da boa sorte Romá.

Meu menino é um descendente Romá Kalderachi, de pele da cor de Santa Sara Khali e, com muita conexão comigo e com todos os ciganos, sempre ouviu as minhas orientações, dicas e pedidos.

Foi a Esmeralda a primeira entidade cigana a se manifestar, ainda quando ele era uma assistente. Numa gira de ciganos no terreiro ele se desligou e viu a Esmeralda bem na sua frente. Com seu sorriso, olhar doce e firme. Quando ele foi atendido por um cigano da linha dos Pablos houve a confirmação. Ele contou que a visão se turvou e viu uma cigana velha. Foi então que o cigano a descreveu em detalhes e deu algumas coisas para que ele entregasse numa praça.

Nós o acompanhamos nesta entrega que era de um lenço cigano, algumas moedas e três incensos acesos. Era um pedido sem nenhum feito mágico em especial, mas um teste para ver se ele estava realmente disposto cumprir ordens espirituais e manifestar alguma permissão para nossa atuação.

"Meu menino" não entendia nada dos fenômenos mediúnicos, mas ele nos percebeu a sua volta, nos cumprimentou, entregou o lenço com as moedas e foi para casa. Isso foi a nossa glória.

Quando foi alvo de uma demanda muito pesada, Esmeralda o arrastou para o nosso acampamento. Ele adormeceu por alguns minutos e acordou em volta da nossa fogueira. Pôde nos ver, conversou um pouco e, quando devolvido já estava equilibrado e descarregado.

Sinto-me tão vivo quando incorporado, com sensações a muito não sentidas no mundo espiritual e, trabalhando com um "sangue meu" que trago nas emoções as energias as informações do meu corpo físico, do peso, expressões e manias, as marcas da idade, sensações da minha barba e, trejeitos.

Fui advertido várias vezes por Esmeralda de que tudo isso não é necessário, mas são informações que eu não consigo controlar, elas se fazem presentes.

Sob a orientação do Caboclo, o chefe, temos que utilizar muito do conhecimento no mental do "meu filho". Não temos que ficar adivinhando nomes e informações ou trazê-las e o médium ter bloqueios. Quando é necessário incluir novas informações sobre o material a ser utilizado no trabalho, aprender um pouco sobre a nossa cultura húngara para que estejam no mental e o acesso ser facilitado. Por ser um cientista tem grande facilidade de buscar informações, não se deixa levar por modismos ou erros grosseiros que médiuns cometem ao "incrementar" suas entidades.

Ele nos deixa trabalhar segundo os nossos valores culturais, étnicos e, morais. Faz pesquisas de ervas e frutas de nossas épocas, instrumentos, costumes, idiomas e os estuda para que não nos limitemos somente à meia dúzia de ervas ou procedimentos.

Sou conhecido no terreiro como o cigano caçador de vampiros, pois além das frutas eu trabalho com alho, cebola, pequenas estacas, pedaços de madeira, tecidos, fitas, incensos e defumadores, fumos aromatizados, cascas, temperos, açúcar, café, mel, folhas, metais, potes, panelas, terra de estradas, pedras e baralhos para as mancias e, símbolos considerados mágicos dos ciganos da Europa.

O que eu chamo de pequenas estacas, vocês chamam de palito de dentes, nas quais eu as utilizo como os Exus usam seus ponteiros.

Devo esclarecer que lá para as minhas terras era costume usar estacas de madeira fincadas nas terras de plantio para quebrar o mau agouro percebido na qualidade das plantas. Em algumas frutas que já demonstravam pragas, animais mortos por doenças misteriosas. Quando perdas financeiras coletivas, assombrações de mortos recentes eram vistas perambulando durante a noite pelas vilas e fazendas, íamos até seu túmulo, abríamos e fincávamos uma estava de madeira no coração do defunto. Sim, procurem saber, isso era uma prática comum desde a Valáquia, Transilvânia, Estônia, Eslováquia, Áustria e Alemanha.

Hoje em dia vocês acreditam que tal prática era para caçar vampiros, matar o Conde Drácula por causa da difamação dos cristãos ocidentais contra o homem que salvou a Europa de se tornar islâmica. O que vocês chamam de vampiros. O termo vampiro é muito utilizado na Umbanda e nas doutrinas espíritas para designar espíritos desequilibrados que roubam energias de pessoas, lares e animais. Até certo ponto isso tem um quê de verdade. Uma origem nos nossos costumes.

Muitas vezes quando vocês enxergam fantasmas de mortos recentes não são exatamente os espíritos dos mortos. A maioria dos mortos recentes passa um bom tempo "dormindo". Poucos acordam logo em seguida, mas estes são vistos de forma diferente. O que enxergam é o que chamam de "cascorão", ou seja, um invólucro espiritual que vaga sem interagir com nada, sem sentimentos ou qualquer ação.

Essas cascas eram chamadas de "fantasmas" e causavam mais danos energéticos pelos sustos que causavam aos que as viam e espalhavam o pânico do que elas mesmas podiam causar ao redor. Trabalhadores rurais deixavam de trabalhar nessas regiões por pânico. Então aldeões destemidos iam até o corpo e cravavam a tal estaca.

Não era só cravar a estaca e pronto. Usavam algumas ervas junto com alho e, rituais. Muitas vezes acompanhados por sacerdotes cristãos, ortodoxos ou os anciãos que detinham o conhecimento do ritual.

Já que eu entrei nesta cultura do Povo Magiar (húngaros), preciso trazer a informação de que o processo de decomposição dos mortos provoca o inchaço e vazamentos de fluídos corporais e acúmulos de gases. Quando abriam algumas covas encontravam líquidos semelhantes ao sangue escorrendo pelo nariz, boca, olhos e ouvidos. Acreditavam que estes mortos saíam se saciar de sangue humano ou de animais.

Ao cravar a estaca no peito provocava a fuga de gases pela boca e pelo buraco feito pela ponta da estaca. Acreditavam que o morto estava gritando e morrendo outra vez. Algumas vezes bastava a incidência de luz solar ou o movimento no corpo para provocar tal esvaziamento e ressecamento rápido, então passaram a acreditar que a luz do sol também os destruía.

Junte toda esta cultura mística com os feitos de Vlad Tepes, o Conde Vlad Drakul que tais mitos ganharam força no imaginário popular.

Acho divertido as crianças, os cambones e médiuns me chamar de caçador de vampiros, mas na verdade usos minhas estacas e alhos da mesma forma que os Exus, Baianos e Caboclos utilizam os ponteiros e ervas em suas magias. Nada mais do que isso.

Eu atendo sentado num banquinho, com um tabuleiro semelhante ao que eu trabalhava nas feiras. Claro que atualmente no terreiro tem as frutas, muito incenso e velas. Mas o meu defumador é a fumaça aromática do meu cachimbo, da mesma forma que eu fazia para atrair os compradores de tabaco e os cachimbos que eu fabricava.

Claro que o fato de atender sentado num banquinho e fumar cachimbo me chamam de "cigano preto velho". Sinto-me honrado ao ser comparado ao guia espiritual mais evoluído do "meu menino", com conhecimento e vivência que ele tem, além da coragem de aceitar uma encarnação humilhante e degradante, é humilde. O Preto Velho é pura Luz.

Outro fato engraçado é que o mesmo comportamento das pessoas que passavam pelo meu espaço da feira é o mesmo das pessoas no terreiro.

As pessoas na feira paravam em frente e perguntavam: "cigano, tem alguma magia para melhorar a minha dor de cabeça?". Então eu pegava "qualquer coisa sem valor" e dava nas mãos, fingia que rezava. Geralmente ganhava uma moeda, um agrado. Então eu levava vários potes como "qualquer coisa estranha" para fazê-los acreditarem que era alguma magia cigana. Tinha o que voltavam e até agradeciam, compravam mais da magia. Se você acha que um dia foi enganado por um cigano, sim você foi! Não é regra, mas uma questão de oportunidade de ganho.

No terreiro acontece o mesmo. Param na frente e pedem ou pergunta alguma coisa. Pegou algo que não vá utilizar e dou, simulando uma reza. O efeito PLACEBO é o mesmo duzentos e trinta anos depois. São enganados pelos ciganos da mesma forma a séculos. Claro que no terreiro eu preciso me livrar das interferências do meu espaço sem magoá-los, ou causar qualquer estranheza. Quanto mais rápido afastar o intruso do espaço de trabalho, melhor para o consulente.

Gosto das mancias, mas mesmo sendo um espírito no trabalho da caridade, não superei meus preconceitos sobre ler cartas. Essas coisas eram atividades exclusivas das ciganas. Quando deito as cartas, que as interpretam e dão as informações são as ciganas que trabalham junto comigo. Se por acaso elas saem para correr gira, eu finjo que jogo as cartas e leio na áurea dos consulentes, pergunto à entidade espiritual que o acompanha. É um preconceito que eu tenho que superar.

Em se tratando de preconceitos ciganos, manias e erros, aceito o comando de uma cigana. Hoje em dia não vejo mais as mulheres como propriedades dos homens. Mas jogar cartas e ler as mãos são coisas difíceis para mim. Acredito que com o tempo eu faça essas coisas naturalmente. Sim, espíritos carregam alguns defeitos de suas encarnações anteriores. Restos de machismo é uma delas.

Como é o meu trabalho de verdade na Umbanda?

Eu atuo diretamente no aconselhamento para a prosperidade e negócios, quebro demandas que atrapalham a evolução espiritual, matérial e financeira necessária para a manutenção da vida. Para mim sorte é merecimento! Se merecer eu dou e faço parecer sorte.

Faço aconselhamento para comerciantes em geral, limpando seus ambientes para ter sempre os clientes necessários. Ajudo espantar invejosos e concorrentes e clientes desleais.

Quando o assunto é de ordem espiritual tenho a Esmeralda que aconselha, indica as ações e os problemas. Para os casos de amor, a cigana Carmencita trabalha com os aconselhamentos, cura do amor próprio e busca da alma gêmea ou chama gêmea.

Devo destacar que com a alma gêmea nem sempre a relação pode ser equilibrada e de um romance perfeito. A alma gêmea as vezes vem com missões cármicas e a coisa pode ficar muito complicada. Com a chama gêmea é a fogueira sexual, a exaustão espiritual até saciarem-se mutuamente ou um dos lados. Então o que parecia ser amor pode virar ódio na mesma intensidade. É onde se dever ter muito cuidado com as amarrações, adoçamentos e obcessões.

Quando a consulta envolve tristeza profunda, uma depressão de ordem espiritual causada por um encosto ou magia, nós trabalhamos em conjunto, retirando a fonte e, as ciganinhas trabalham trazendo a alegria e esperança para a vida do consulente. Geralmente quando elas trabalham com o consulente há músicas, algum fato engraçado e, assim promovem a sintonia com outra energia.

Dou passagem ao Ibraim quando há necessidade de tratamentos de doenças de origem espirituais que acabam por causar sintomas no corpo físico. Espero que entendam que não se trata de uma cirurgia espiritual que substitui o tratamento médico. No treinamento para atuação dentro da Umbanda tivemos muito orientação dos nossos limites e quais tipos de "doenças" podemos e, quando há a permissão para tal.

Ibraim só atua quando o corpo espiritual do consulente apresenta corrosão causada por miasmas, vermes astrais, demandas e obsessores ou, sabotagem. Tais situações acabam causando sintomas análogos ás doenças ou, até mesmo doenças reais.

Trabalho com elementos fetiches para a firmeza de formas de pensamentos direcionados aos hábitos que trazem prosperidade. São mirongas feitas com trevos de quatro folhas, louro ou pétalas de rosas com algum dinheiro e canela para serem colocados nas carteiras.

Geralmente essas mirongas são acompanhadas de conselhos e dicas de bons hábitos no dia a dia para que ocorra alguma atração de dinheiro.

Na última gira de ciganos que houve eu pedi o preparo de pacotes de defumação para atração de dinheiro para os lares, e que foram distribuídos a todos os consulentes do terreiro.

E por que eu falei todas estas coisas?

Por que o imaginário popular é normalizar todos os ciganos Pablos como homens altos, belos e sedutores, ótimos amantes e capazes de despertar grandes paixões, espertos nos negócios. Algumas histórias reduzem todo e qualquer cigano Pablo como um cigano que morreu por causa de uma grande paixão.

Sou um cigano Pablo de nascença, atuo na Umbanda na egrégora dos Pablos, porém não morri por causa de uma luta com um rival apaixonado pela mesma mulher. Morri gordo e doente, provavelmente com hipotireoidismo e diabetes. Nunca fui um sedutor, nem mesmo um ardiloso negociante.

Venho na Umbanda com a mesma aparência que tive na última encarnação, não consigo dançar sensualmente e as minhas vestes espirituais são maltrapilhas representando a minha condição de cigano pobre e fracassado em minhas decisões. Sob este aspecto eu sinto empatia para os que sofrem perdas, são vítimas de golpes, os falidos e, os roubados.

Eu trago a experiência da pobreza, mas o amor à vida e a esperança em dias melhores. Por isso ensino que apesar dos problemas, das perdas e dos erros, devemos andar sempre. Sempre buscando algo melhor.

Minha visão de magia cigana

"Nem todos os ciganos foram ricos ou tinham tudo a vontade" (Pablo)

Não havia meios de conservação de alimentos perecíveis como temos hoje em dia. Nem mesmo a velocidade de transporte para que frutas produzidas do outro lado do mundo possam ser consumidas.

Os ciganos usavam o que encontravam. Adaptavam-se à realidade local e, aprendiam com os povos locais. Por isso são considerados os primeiros agentes de globalização de culturas. Foram os responsáveis por levarem a cultura de alguns alimentos entre regiões, das artes musicais, de idiomas, e técnicas de fabricação de objetos.

Nem todos os ciganos conheceram maçãs, peras, folha de louro ou, canela. Na maioria das vezes precisavam fazer uma magia e não tinham os elementos tradicionais e se adaptavam. Ou então não era época de frutas ou de chegada de especiarias nos portos. Além do mais as especiarias não eram para todos. Custavam caro!

A fruta Romã muito utilizada nas mirongas ciganas. Sua origem é do oriente, trazida à Europa pelos romanos, muito cultivada em regiões mediterrâneas. A Pera também é uma fruta de origem oriental e que seguiu o mesmo caminho da Romã.

Imagine que encontre uma magia cigana milagrosa muito antiga, praticada por todos os ciganos:

Prepare um banho com pera, maçã, sementes de romã, canela e um pouco de nós moscada.

Nem todos os ciganos conheceram maça, muito menos romã. Se a maioria quase que absoluta dos ciganos eram pobres, como conseguiam a nós moscada. Na minha passagem por Veneza duas nós moscada constavam tão caro quanto um boi, ou dez cabras.

Eu andei pelo leste da Espanha, França, Eslováquia, Hungria e só vi romã em Veneza. Mesmo assim não tinha nenhum poder mágico associado a ela, era só uma fruta capaz de melhorar a saúde.

Com o tempo no mundo espiritual eu aprendi a ver que diante do desconhecimento, tudo era magia. Atribuir propriedades mágicas às coisas que se desconhece o mecanismo lógico é um comportamento humano normal.

Voltando à Romã que é uma fruta vermelha, rica em vitaminas e, sociedades com hábitos alimentares equivocados e deficientes em vitaminas tinham suas capacidades laborais reduzidas, muitas vezes em épocas de epidemias, paralisadas. Quando a introdução da Romã ocorreu foi percebida como uma prosperidade interpretada como magia associada diretamente à fruta.

A mesma lógica ocorreu com a Maçã, com a Pera, com os condimentos. E por falar em condimentos, a folha de louro é identificada como atrativo de dinheiro. Ela tem propriedades que evitava proliferação de fungos, afasta insetos e algumas espécies de roedores. Comerciantes que passaram a vender tal especiaria prosperavam, ganhava mais dinheiro devido o menor prejuízo com perdas em seus armazéns.

Então o que eu quero ensinar é: adapte-se. Quer praticar magia cigana? Adapte-se! Adapte-se! Adapte-se! Observe e, ADAPTE-SE!

Conheça alguns fundamentos básicos que podem ser muito úteis na hora da necessidade e do improviso:

1. **Pão**: Produto do trigo associado à prosperidade de uma colheita. Representa o bom resultado. Use-o nas magias em que precisa visualizar o resultado favorável.

2. **Frutas doces**: são usadas em magias de atração, que precisem de energia transformadora, que no processo mágico tenha que ocorrer algum trabalho.

3. **Frutas azedas**: para as magias de quebras de demandas, de finalização de doenças e desavenças, para dissolver aquilo que você deseja consumir com o ácido (azedo).

4. **Mel**: adoçante natural é rico em energia. Serve para adoçar e fornecer energia de forma rápida às magias que envolvam a transformação, que tenham um processo a ser executado. É o símbolo de bons resultados de uma primavera próspera. Use-o para energizar o bom resultado pronto.

5. **Sementes**: Significa a riqueza, o bom princípio e, a possibilidade de prosperidade. Use-as em magias que precisam de bons inícios para acabar bem. Não utilize sementes em magias relacionadas aos processos em que você não sabe como se iniciam. É como semear em terra infértil.

6. **Cravo**: É o equilíbrio. Possui uma pimenta na semente da flor seca e, o aroma no talo. Pouco deixa a comida sem sabor, muito estraga. Só o utilize em magias que precisem de equilíbrio de qualquer natureza. A pimenta esquenta, agiliza e, o talo dá prazer em usufruir o que obtém. Por isso nunca o utilize muito.

7. **Canela**: representa o bom gosto, a energia seca, a ativação, o início do movimento. Da mesma forma que o cravo, deve-se utilizar com equilíbrio. Nunca exagere por que os resultados podem ser demasiado amargos.

8. **Flores**: Use as que encontrar. As cheirosas harmonizam, as coloridas agregam harmonia e equilíbrio.

9. **Nós moscada**: a mesma lógica da canela e, por ter sido considerada um condimento só para os ricos, passou a ser associada à prosperidade.

10. **Fogo**: segurança, transformação e transmutação. É a energia controlada que muda algo de um estado para outro. Pode ser representado pelas velas.

11. **Folhas de louro**: representa o sucesso, a

vitória, a força que leva o bom resultado. Tanto é que o termo "coroado com os louros da glória" é justamente receber uma coroa de louro. Não exagere.

Com esta lição fundamental de magia cigana, geralmente ensinada pelas anciãs, você pode ir para qualquer lugar do mundo que encontrará sempre alguma coisa que seja doce, que possa fazer um pão, sementes, frutas etc.

É possível encontrar muita divergência até mesmo entre os ciganos. Isso por que a permanência prolongada dentro de uma região ocasiona uma maior imersão nas culturas. Muitos valores mudam, elementos são eliminados e agregados outros semelhantes.

Pote do Pablo para gerar prosperidade

Material

- Um pode de barro ou madeira. Pode ser substituído por uma caneca de esmaltada. Aquelas caneca que usam para dar café aos pretos velhos.

- Sete folhas de louro, sete paus de canela, um punhadinho de sementes.

- Algumas moedas de maior valor que tiver no momento da magia.

- Uma vela e um incenso de aroma bem adocicado.

Lave e seque o pote ou a caneca de ágata, coloque no fundo as folhas de louro, as moedas, a canela e cubra com as sementes.

Acenda a vela e o incenso ao lado. Mentalize você enchendo esse pote com 10% de tudo que sobrou no final dia e guardando a diferença da sobra num lugar seguro.

Qualquer economia que fizer, separe 10% para colocar dentro do pote e, o resto da sobra deposite num bando o guarde. Não mexa neste dinheiro antes de encher o pote. Em caso de uma emergência pode usar o dinheiro, mas reponha depois.

Qual o fundamento?

Usar a magia para treinar a mente a economizar, controlar impulsos de gastos desnecessários.

Magia para vender qualquer coisa

Material: honestidade, verdade e força de vontade em vender.

Quando anunciar, informa o estado que em que se encontra. Por exemplo, vai vender uma carroça e ela tem algumas manchas e uns trincados no assento.

1. Veja tudo o que ela tem de bom, de útil ou que possa atrair o comprador.

2. Estabeleça o preço justo, e subtraia o valor da manutenção do item.

3. Seja sempre honesto e vale a verdade.

Como eu Pablo venderia?

Descreveria algumas qualidades que motivaram o possível comprador. Se ele veio ver a carroça, mesmo ciente dos defeitos, é por que estes defeitos não importam para ele. Enquanto ele observa, eu descreveria o resto das qualidades, aumentando as vantagens se ele comprasse a carroça. Por último deixaria bem claro de que estará fazendo um bom negócio por que o preço é bom já descontado o que ele gastaria para arrumar e ter a melhor carroça da região.

O mesmo raciocínio vale para uma casa, um cavalo, um fogão. Descreva sempre as qualidades e seja honesto quanto aos defeitos.

A magia está no comportamento justo e honesto.

Encontrar algo que procura

Material: Uma vela branca e uma fruta doce. Qualquer fruta!

Acenda a vela, coloque a fruta doce ao lado e chame pelos Ciganos Batedores. Solicite a ajuda deles, converse mentalmente e, em detalhes o que precisa encontrar e, peça para que eles encontrem e mostrem o caminho.

Assim que a vela terminar coloque a fruta na beira de uma estrada. Não é rua dentro da cidade, é estrada. Se tiver dificuldades de ira até uma estrada, procure a maior avenida.

Atrair mais dinheiro para a sua carteira

Material: Uma folha de louro. Uma nota de dinheiro corrente e, pode ser a de menor valor. Um pouquinho de canela em pó.

Polvilhe o louro com o a canela em pó. Embrulhe com a nota de dinheiro. Coloque dentro da carteira ou da bolsa, mas na parte onde guarda as notas de dinheiro.

Não tem dinheiro em papel? Só tem moedas?

Faça o mesmo ritual, mas utilize três moedas de maior valor que tiver, embrulhe num pedaço de papel branco.

Repita esse ritual uma vez por ano.

Pedir proteção aos ciganos

Material: Uma vela branca, um pedaço de papel, três palitos de dentes (novos e sem uso) ou lasquinhas de madeira pontiagudas capazes de transpassar o papel.

Acenda a vela. Escreva aquilo que lhe causa medo. Pode ser um problema, uma ameaça, uma insegurança. Não coloque nenhum nome no papel. Mas sim o motivo que lhe causa medo.

Dobre o papel em dois, atravesse-o com os palitos pontiagudos. Deixe do lado da vela e, peça a proteção aos ciganos Tuaregues. Converse com eles sobre seus medos, ameaças, solicite proteção e a finalização do problema

Considerações

Agora eu me desconecto do cigano Pablo, apesar do processo de escrita não se tratar de uma incorporação, mas sim de um a irradiação onde eu vejo lugares, pessoas envolvidas, mapas e cidades. No caso do Pablo ele foi falando de forma irradiada como se eu escrevendo na primeira pessoa, fosse ele contanto a história dele.

Em vários momentos ele pediu para acender o cachimbo dele e, ao soltar a fumaça onde apareciam as informações que eu deveria corrigir. Algumas vezes ele utilizava o cachimbo para me provocar sono e me fazer dormir.

Confesso que no início eu tive um pouco de receio das histórias que ele contava aos consulentes por que eu achava um tanto que bizarras. Ele fugia dos estereótipos dos ciganos Pablos. Não é que ele sair fora só um pouquinho. Foge muito, mas muito mesmo.

Com este livro eu tive que pesquisar uns mapas e fatos históricos e tudo que ele contou se confirmaram. Assim fui ganhando confiança no que ele ditou irradiando e, aumentando muito, com o processo da escrita fluindo bem melhor do que qualquer outro que já escrevi.

Quando o meu pai faleceu eu fucei a certidão de nascimento dele e, num dos nomes avia um sobrenome estranho, que eu achei que era italiano ou algo assim. Pesquisei e descobri que era francês. Eu mulato, nunca tinha me imaginado ter qualquer ascendência além da portuguesa. Mas a origem desse sobrenome está diretamente a La Bresse, como eram ciganos, precisavam de um sobrenome e criaram um com o prefixo Bresse. Foi por ali que descobri ser descendente de ciganos.

E qual foi a minha surpresa? É ele narrar ser convidado à minha egrégora de guias espirituais justamente por eu ser um descendente dele.

A primeira incorporação foi um desastre, pois eu levei cigarro e ele usou, mas disse que para ele não tem fundamento algum. Nem mesmo tem os elementos de trabalho. Pediu um cachimbo. Assim do nada em ganhei o tal cachimbo e, dos bons. Veio o fumo aromatizado, eu já tinha o lenço do tempo que fui cambone,

Na segunda gira eu estava bem preocupado com a possibilidade de tomar uma bronca por forçar um cigano com cachimbo de Preto Velho. Ele chegou, tentei ficar em pé, mas ele pediu um todo. Eu reclamei por que todos os ciganos estavam ajoelhados no chão ou em pé e, o Pablo feito um Preto Velho. O corpo pesou, ficou insuportável, então ele pediu o banquinho e, de quebra o chefe do terreiro também pediu o banquinho, gritando: "Este cigano trabalha sentado num banquinho ou toco! Ouviram?".

Neste dia ele trabalhou só com ao fumaça do cachimbo, mas deixou uma lista de coisas para serem providenciadas, como: alho, cebola, palitos, pedras, toalha etc. O que me levo a perguntar: "Vai fazer magia ou uma sopa?".

Apesar da minha brincadeira, eu providenciei tudo o que ele pediu e, assim iniciamos a nossa jornada.

Com os fatos ocorridos na vida dele há um grande aprendizado implícito nos acontecimentos e resultados, que é a manutenção da Fé de que um dia tudo vai melhorar.

Nos primeiros capítulos ele descreveu a origem do povo dele justificar os motivos de dele ser húngaro e ter nascido na Espanha. Mas na Europa em muitos países o fato de nascer em alguns deles não te dá a cidadania. A cidadania é dada pela origem dos pais.

Incorporado eu vejo tudo, ouço tudo, mas não tenho o domínio dos meus movimentos e nem da fala, mas o meu mental é muito ativo. Quando o assunto do atendimento é sigiloso, perco a audição ou esqueço logo em seguida. Isso é bom por que eu tenho a oportunidade de aprender muito como ele. As vezes eu vejo os outros ciganos e ciganas que ao acompanham.

Por mais que a coisa esteja ruim e que aparenta estar tudo perdido, ele sempre acha um fio de esperança e faz o consulente se agarrar nele.

Sabe aqueles trejeitos ciganos que todos estão acostumados? Pois então, ele não os tem. Odeia ler as cartas, quase não usa, mas pede para que sempre tenha um baralho. Ama contar história e causos ciganos, desmascarar pilantragens e golpes nos quais os seus consulentes poderia ser vítimas.

Espero que vocês tenham percebido o mesmo

que eu percebi ao transcrever as histórias do Pablo. Entendi que o universo cigano é muito amplo, que não seguem um padrão reduzido ao que enxergamos da cultura cigana.

Por outro lado há um esclarecimento de que o mundo espiritual também não é reduzido ao céu ou inferno, de mundos fantásticos ou mágicos. Cada espírito enxerga o mundo espiritual segundo o seu grau de consciência e capacidade de discernimento e, com o Pablo aprendemos que a evolução é constante, independente das escolhas dos espíritos.

Com a história também nos ensina que nada é obrigatório, não segue um padrão, mas para qualquer caminho sempre haverá espíritos tutores, oportunidades de aprendizado e, chance de alterar o estado de consciência para melhor.

SOBRE O AUTOR

UruR é o pseudônimo de um físico que caiu na Umbanda pela dor, descobrindo uma realidade muito além da Metafísica, das religiões, da lógica humana. A realidade que só precisa de fé racional.

Website

O Cigano Pablo inspirou a criação de um website baseado em seus conselhos e irritações sobre as marmotagens que utilizam os nomes dos ciganos.

https://magiaciganopablo.tk